DIE KUNST DES
EMAILLIERENS
JINKS McGRATH

DIE KUNST DES EMAILLIERENS

JINKS McGRATH

KÖNEMANN

A QUINTET BOOK

Copyright © 1994 Quintet Publishing Limited.
All rights reserved. No part of this publication
may be reproduced, stored in a retrieval system
or transmitted in any form or by any means,
electronic, mechanical, photocopying, recording
or otherwise, without the permission of the
copyright holder.

This book was designed and produced by
Quintet Publishing Limited
6 Blundell Street
London N7 9BH

Original title: First Steps in Enamelling

Creative Director: Richard Dewing
Designer: Ian Hunt
Senior Editor: Laura Sandelson
Editor: Lydia Darbyshire
Photographers: Jeremy Thomas, Nick Bailey

© 1997 für die deutsche Ausgabe:
Könemann Verlagsgesellschaft mbH
Bonner Str. 126, D–50968 Köln
Übersetzung aus dem Englischen:
Christiane Bergfeld, Hamburg
Redaktion und Satz der deutschen Ausgabe:
Lesezeichen Verlagsdienste, Köln
Druck und Bindung:
Sing Cheong Printing Co., Ltd.
Printed in Hong Kong

ISBN 3-89508-521-9

Inhalt

Einleitung 6

1

Werkzeug und Material 7

2

Arbeiten mit Email 15
Probestücke 32

3

Modelle
Anhänger »Blauer Stern« 34
Kupferohrringe 36
Ohrringe mit aufgemaltem Dekor 38
Anhänger mit Kupferdrahtverzierung 41
Schälchen 44
Untersetzer 47
Hausnummernschild 50

4

Emailliertechniken 53

5

Modelle
Kupferfolienohrringe 68
Silberkette 71
Champlevé-Anhänger 74
Basse-Taille-Anhänger 78
Emaillierte Ringe 82
Dosendeckel 86
Dosendeckel mit Goldfolie 89

Problemlösungen 92
Glossar 94
Register 96

Einleitung

Mein Interesse am Emaillieren erwachte, als ich Schmuckgestaltung studierte. Mein Dozent war Emailleur, und obwohl ich ihn nie bei der Arbeit sah, inspirierten mich Fotos von Goldemaildosen, die er Jahre zuvor gefertigt hatte, das Emaillieren als Schwerpunktfach zu wählen. Nach Beendigung meiner Ausbildung kam ich kaum zum Emaillieren, weil ich weder über einen Brennofen noch über Platz zum Arbeiten verfügte, aber mein Interesse daran erwachte erneut, als ich 1987 eine faszinierende Ausstellung von René Laliques Werk in der Goldsmiths' Hall in London sah. Ich wollte die herrlichen Stücke am liebsten einfach nur in der Hand halten und ihren Geheimnissen auf die Spur kommen.

Nun scheint die Kunst des Emaillierens ja auf den ersten Blick ein ganz kleines Genre, das sich jedoch als sehr vielgestaltig entpuppt, wenn man erst einmal würdigt, was man aus miteinander verschmolzenem Glas und Metall alles herstellen kann: traditionelle Clubabzeichen, Schildchen für Pokale, Kaffeekannen und Becher, antik aussehende Gläser und Karaffen, moderne Füller und Schreibstifte, Modeschmuck, nostalgische Eisenbahn- und Tankstellenreklameschilder, silberne Teekannen, altmodischen Schmuck, Bildtafeln und Wappen. Dies alles und noch viel mehr erwacht zu neuem Leben, wenn man Geschmack an der Emailkunst gefunden hat. Ohne die Techniken zu kennen, ist man schnell versucht, diese Objekte geringschätzig abzutun, ohne zu ahnen, wie schwierig es ist, Glas und Metall miteinander zu ver-

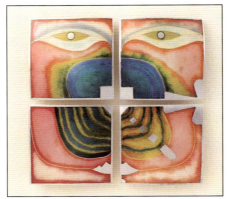

Cloisonné-Brosche: Maske als Puzzle.
GUDDE JANE SKYRME

schmelzen und wieviel geduldiger und genauer Planung es vorher bedarf.

Ich hoffe, dieses Buch verführt Sie dazu, das Emaillieren auszuprobieren. Die Fotos von den Arbeiten einiger hervorragender britischer Emailleure vermitteln Ihnen einen Eindruck davon, was man erreichen kann. Vorausgesetzt, Sie beachten ein paar Grundregeln, können Sie auch als Anfänger schon bald gute Resultate erzielen. Wenn Sie die Grundtechniken erlernt haben, experimentieren Sie mit den Materialien, um zu sehen, was möglich ist und was nicht. Das Emaillieren ist eine sehr individuelle Kunst, und Sie werden bald Ihren eigenen Stil, Ihre persönliche Note finden. Die Meinungen über die beste Vorgehensweise gehen auseinander, scheuen Sie sich daher nicht, Ihrer Intuition zu folgen. Probleme besprechen Sie am besten mit anderen Emailleuren. Dabei rollen Sie die Sache am besten von hinten auf. Studieren Sie weitere Bücher zum Thema oder belegen Sie einen Kurs. Die Techniken und Methoden in diesem Buch beziehen sich auf meine eigenen Emailliererfahrungen, aber ich habe sie mit anderen Emailleuren diskutiert, daher gelten sie nicht nur für mich.

Die Grundregeln des Emaillierens lassen sich leicht aufstellen: Der Arbeitsplatz muß vollkommen sauber sein, und die Metalle und Emails müssen sorgfältig und richtig vorbereitet werden. Das Gelingen eines Werkstücks hängt vor allem davon ab, ob Sie diese Vorgaben beherzigen. Darüber hinaus gibt es so viele Varianten und individuelle Vorlieben und Arbeitsweisen, wie es Emailkünstler gibt.

Jedes Buch, das das Emaillieren erklären will und keine Lösungen für unerwartete Probleme anbietet, ist meiner Meinung nach nicht sehr anwenderfreundlich. Darum gebe ich zum Schluß ein paar Tips und Anregungen für die unvermeidlichen Situationen mit dem »Und was soll ich jetzt tun?«. Sicher konnte ich nicht jedes Problem berücksichtigen, aber die geläufigsten Pannen wurden bedacht.

Das Emaillieren übt einen Charme und eine Faszination aus, denen man sich nur schwer entziehen kann. Hat einen erst mal der Ehrgeiz gepackt, ist man ständig auf der Suche nach der »vollkommenen Arbeit«. Wie oft habe ich Stunde um Stunde auf ein Objekt verwendet, um am Ende doch einen kleinen Makel zu finden, eine Farbe, die nicht ganz stimmig ist, einen winzigen Aspekt, den ich mir anders vorgestellt hatte und beim nächsten Mal gewiß besser realisieren würde.

Ich wünsche Ihnen viel Freude beim Erlernen der Grundtechniken, dann sind Ihrer Kreativität keine Grenzen mehr gesetzt.

1
Werkzeug und Material

WERKZEUG UND MATERIAL

DER BRENNOFEN

Neben einem großen Stück Silber oder Gold ist der Brennofen das teuerste Stück Ihrer Ausrüstung, und obwohl man kleine Objekte auch mit Hilfe einer Lötlampe emaillieren kann, oder Sie vielleicht in einer Emaillierwerkstatt einen Ofen nutzen dürfen, wird irgendwann ein eigener Ofen unverzichtbar. Man kann zwischen Gas- und Elektromodellen wählen, beide gibt es in verschiedenen Größen. Achten Sie darauf, daß die Größe des Brennraums für Ihre Zwecke ausreicht. Wenn Sie z. B. nur kleine Schmuckstücke anfertigen wollen, genügt ein Innenraum von 11 × 11 × 6 cm, für größere Objekte wie Schalen, Teller und Schilder sollte der Nutzraum mindestens 23 × 23 × 17 cm groß sein. Ich empfehle generell den größtmöglichen Ofen, für den Sie Platz und Geld haben.

Bedenken Sie vor dem Kauf, daß es Dutzende von gebrauchten Brennöfen gibt, die neu entdeckt werden wollen. Sie verstauben in Schulwerkstätten, auf privaten Dachböden und in Goldschmieden. Ich selbst habe zwei Öfen von Leuten »geerbt«, die sie nicht mehr brauchten. Fragen Sie mal im Bekannten- und Freundeskreis, oder durchforsten Sie die Kleinanzeigen in Tageszeitungen oder Bastelheften, bevor Sie sich einen neuen Ofen anschaffen.

Elektrische Öfen

Ein Elektrobrennofen läßt sich überall in der Nähe einer Steckdose aufstellen. Die meisten Emaillieröfen werden mit »normalem« Strom (220 V Wechselstrom) betrieben, aber falls Sie einen größeren kaufen, fragen Sie zuerst nach. Er sollte auf einer hitzebeständigen Unterlage und zugluftfrei stehen.

Stufenregler mit einer Skala von 1–10 mit Netzstecker und Verbindungskabel für den Ofen.

Elektrobrennöfen haben Heizelemente, die bei durchschnittlicher Größe mindestens eine Stunde brauchen, um eine Brenntemperatur zwischen 800 °C und 1000 °C zu erreichen. Zur Temperaturregulierung kann man den Ofen mit einem Temperaturregler oder Pyrometer bestükken. Ein Pyrometer ist teurer als ein Temperaturregler. Es paßt hinten in den Ofen und ist mit einem Gerät verbunden, das die Temperatur im Ofen genau anzeigt und so die richtige Brenntemperatur garantiert.

Bei sachgemäßem Gebrauch hält ein Elektrobrennofen viele Jahre. Durchgebrannte Heizstäbe lassen sich zwar austauschen, das kann aber so teuer werden, daß die Anschaffung eines neuen Ofens oft günstiger ist. Vor dem Einschalten des Ofens sollte man den Brennraum mit einem feuchten Tuch auswischen, um Ruß- und andere Teilchen zu entfernen, die sich beim letzten Brand angesammelt haben. Es empfiehlt sich, eine Keramikplatte auf den Boden des Ofens zu legen und diese bei starker Verschmutzung einfach auszutauschen.

Elektrobrennofen mit Pyrometer, das in die Ofenrückwand paßt.

Gasbrennöfen

Diese Öfen werden mit Propan- oder Erdgas betrieben und sind in vielen verschiedenen Größen erhältlich. Sie heizen sich schneller auf als Elektrobrennöfen und gleichen während des Brennvorgangs den durch Türöffnen entstehenden Hitzeverlust rascher aus. Das Metall oxidiert nicht so leicht in Gasöfen, da sie mit Reduktions- statt mit Reflexionshitze arbeiten.

Der Miniatur-Gasofen eignet sich für kleine Werkstücke.

Besitzt Ihr Ofen weder einen Regler noch eine Temperaturanzeige, stellen Sie ihn ab und öffnen stündlich für wenige Minuten die Tür, sobald er intensiv gelb leuchtet. Die optimale Farbe zum Brennen ist Leuchtendrot/-orange. Häufiges Überhitzen verkürzt die Lebensdauer des Ofens.

Vielleicht kommen Sie ohne Pyrometer aus, wenn Sie die Farben in Ihrem Ofen vor dem Brand kennen. Die Farben zeigen in Elektro- und Gasöfen ähnliche Temperaturen an.

Mattrot	720 °C
Mattorangerot	750 °C
Kirschrot	790 °C
Leuchtendrot/-orange	820 °C
intensives Leuchtendorange/-gelb	870 °C–1000 °C

Wenn Sie ohne Brennofen emaillieren, legen Sie das Werkstück auf ein Brennrost über einen Dreifuß, und zwar so hoch, daß Sie mit der Flamme von unten darüberstreichen können. Das Email sollte keinen direkten Feuerkontakt haben, legen Sie die emaillierte Seite deshalb nach oben. Umgeben Sie den Dreifuß nach Möglichkeit mit Backsteinen, damit das Werkstück auch reflektierte Hitze bekommt. Brennen Sie zunächst Probestücke.

Großer Gasofen mit eingebautem Pyrometer.

Mattrot

Mattorangerot

Kirschrot

Leuchtendrot/-orange

Leuchtendorange/-gelb

EMAILLIERWERKZEUG

Sie brauchen keine teuren Werkzeuge. Fertigen Sie sich selbst welche an, oder verwenden Sie zahnärztliche Instrumente aus rostfreiem Stahl. Sammeln Sie Gläser und Plastikbehälter mit Deckeln.

Die Arbeitsfläche muß nicht groß, aber sauber sein. Wählen Sie einen zugluftfreien und ruhigen Ort. Ist das Werkstück erst im Ofen, verlangt es nämlich Ihre ungeteilte Aufmerksamkeit. Jeder kennt eine Geschichte, wie z. B. ein Stück, an dem man Stunden gearbeitet hat, verdorben wurde, weil das Telefon geklingelt hat.

Es folgt eine Liste mit der Grundausstattung. Man braucht nicht gleich alles. Am Anfang reichen 20 Werkzeuge, die anderen kann man nach und nach anschaffen.

Grundwerkzeuge

Abkühlplatte zum Ablegen heißer Werkstücke, die aus dem Ofen kommen.

Blechschere zum Metallschneiden.

Brennroste aus rostfreiem Stahl Legen Sie das Werkstück auf einen Rost, bevor Sie es in den Ofen heben.

Gänsekiel zum Aufbringen nassen Emails auf das Metall.

Glasbürste Damit säubert man das Metall vor dem Emaillieren.

Gläser mit Schraubdeckeln Sammeln Sie mehrere (Marmeladen-)Gläser zum Schlämmen von Emailpulver.

Haftmittel Die Metalloberfläche wird mit einem Kleber überzogen, an dem die Emails haften bleiben.

Hitzebeständige Handschuhe zum Öffnen und Schließen der Ofentür.

Kleine Bogen- oder Juweliersäge mit sehr feinen Blättern zum präzisen Schneiden von Metall.

Kleiner Handbohrer zum Bohren von Löchern für Schmuckbeschläge und -verschlüsse.

Lange Brenngabel Diese braucht man, um die Brennroste in den Ofen und wieder herauszuheben.

Marderhaarpinsel Sie brauchen mehrere Pinsel guter Qualität.

Muskovit Eine Platte aus Muskovit empfiehlt sich als Brennunterlage; wird auch für Fensteremailarbeiten verwendet.

Mörser und Stößel zum Feinmahlen von Emailgranulat.

Rostfreie Stahlständer oder -untersetzer als Unterlage der Werkstücke beim Brennen.

Schnabelblechschere Diese großen Metallscheren werden beim Schneiden manchmal in eine Zwinge gespannt.

Streuer in verschiedenen Größen für trockene Emails.

Wasserschleifpapier Sie brauchen die Körnungen 240, 400, 600 und 1200 zum Schmirgeln des Metalls.

Zahnärztliche Instrumente und selbstgefertigtes Werkzeug Damit bringt man das nasse Email auf das Metall.

Zusätzliche Werkzeuge

Bimssteinpulver mit Wasser zu einer Paste verrühren. Mit einer Zahnbürste reinigt man damit das Metall.

Cloisonnédraht Rollen von feinem Silber-, Kupfer- oder Golddraht in unterschiedlichen Dikken, 0,2–0,5 mm Durchmesser, für Zellenemailarbeiten.

Eisenchlorid Ein viel langsameres Ätzmittel für Kupfer erhält man aus 7,5 Teilen Wasser und einem Teil Eisenchlorid.

Feilensortiment Nehmen Sie Feilen zum Schleifen von Metallkanten.

Graviernadeln Präparierte Stahlinstrumente zum Eingravieren von Mustern in Metall, meist in Kombination mit der Basse-Taille-Technik.

Karborundfeile zum Schleifen des Emails.

Lederbespannter Schlegel zum Metalltreiben ohne Macken.

Metallschutzlack (Ätzlack) Damit überzieht man das Metall, um es vor sauren oder ätzenden Lösungen zu schützen.

Modellierformen, um Metall darüber in Form zu biegen.

Palette Man braucht einen Keramikteller mit etwa 10 Fächern für die Farben, wenn man mit nassen Emails arbeitet.

Palettenmesser Ein biegsames, metallenes, spatelartiges Messer zum Mischen von Emailfarben.

Pinzette zum Verarbeiten von Cloisonnédrähten.

Polierstahl zum Polieren und Glätten von Kanten.

Salpetersäure Eine Lösung aus Wasser und Säure (im Verhältnis von 3:1 bis 8:1) nimmt man zum Ätzen von Silber und Kupfer. Wie bei jeder Säure gilt folgende Regel: **Immer *zuerst* das Wasser abmessen, *dann* die Säure hineingeben.**

Sandsäckchen Ein Sandsäckchen liefert eine gute weiche Unterlage zum Formen von Metall.

Schwefelsäure Eine Lösung aus Wasser und Säure im Verhältnis 10:1 braucht man zum Beizen von Silber, Kupfer und Gold. **Immer *zuerst* das Wasser abmessen, *dann* die Säure hineingeben.**

Terpentin zum Entfernen von Metallschutzlack von geätzten Stücken.

WERKZEUG UND MATERIAL

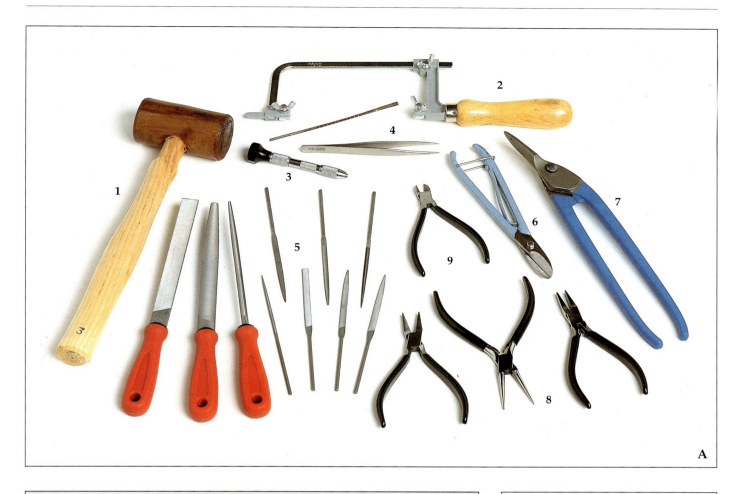

BILD A

1. lederbespannter Schlegel
2. Bogensäge mit Sägeblatt
3. kleiner Handbohrer
4. Pinzette
5. verschiedene Feilen
6. Blechschere
7. Schnabelblechschere
8. Rundzange und Flachzange
9. Seitenschneider

BILD B

1. Mörser und Stößel
2. verschiedene Siebstreuer
3. Zahnarztinstrumente und selbstgefertigtes Werkzeug
4. Gänsekiel
5. Marderhaarpinsel
6. Plastikdosen mit Sieb(schraub)deckel
7. Palettenmesser

WERKZEUG UND MATERIAL

C

D

WERKZEUG UND MATERIAL

BILD C
1. Bimssteinpulver
2. Glasbürste
3. Karborundfeilen
4. Polierstahl
5. Wasser-
   schleifpapier

BILD D
1. Muskovitplatte
2. verschiedene
   Brennständer
3. Brennroste

BILD E
1. Haftmittel
2. Ätzlack
3. Ätzgrund

BILD F
1. hitzebeständige
   Handschuhe
2. lange Brenngabel

HERSTELLUNG EIGENER WERKZEUGE

Spatel, Dorn und Ziehhaken können Sie selbst anfertigen.

Sie brauchen
3 Rundhölzer, 5 mm Ø,
  etwa 10 cm lang
kleinen Bohrer
3 dicke, große Büroklammern
Hammer
kleine Flachfeile

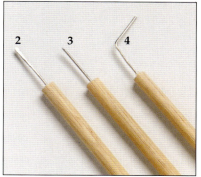

1 In das Ende von jedem Holz ein kleines Loch bohren.

2 Büroklammer geradebiegen und ein Ende flachhämmern. Ende zu einem glatten Oval feilen. Metallstück kürzen und ins Holz stecken. Dieser Spatel ist wie ein Löffelchen. Man kann damit Email aus dem Wasser heben und auf das Werkstück legen.

3 Einen Dorn stellt man her, indem man das Ende einer geradegebogenen Büroklammer mit einem Hammer zuspitzt. Metallstück dann kürzen und ins Holz stecken. Mit diesem Werkzeug schiebt man Naßemail in schwierige Ecken.

4 Einen Ziehhaken erhält man, wenn man eine geradegebogene Büroklammer in einem Winkel von 45° biegt, kürzt und ins Holz steckt. Man verteilt damit das Email gleichmäßig auf dem Metall.

WERKZEUG UND MATERIAL

ANFERTIGUNG EINES STREUERS

1 Nehmen Sie eine Glasflasche mit Schraubdeckel, und ritzen Sie um die Deckelmitte einen Kreis mit halbem Deckeldurchmesser.

2 Loch in die Kreislinie bohren, Sägeblatt oder Taschenmesserklinge durchstecken und Deckel aussägen.

6 Maschendrahtkreis und 2–3 mm breiten Pappring in den ausgeschnittenen Deckel einpassen.

7 Deckel aufschrauben.

3 Mit dem Bleistift um den unteren Deckelrand auf feinem Maschendraht (rostfreier Stahl oder Bronze) einen Kreis ziehen.

4 Kreis mit der Schere ausschneiden.

5 Pappkreis mit gleichem Durchmesser wie Maschendrahtkreis zuschneiden, dann mit einem Cutter einen inneren Kreis ausschneiden, so daß nur noch ein Ring übrigbleibt.

2
Arbeiten mit Email

Emails sind eine Mischung aus Kieselerde, Alkalikomponenten, die die Schmelztemperatur der Kieselerde absenken, Bleioxiden, Natrium, Pottasche und Boroxiden. Farblose Emails heißen Fondantemails oder kurz Fondants. Die Farben entstehen durch Beigabe verschiedener Metalloxide und/oder Farbstoffe zu den Fondants:

– Kobaltoxid für Blautöne
– Kupferoxid für Türkis- und manche Grüntöne
– Eisen und Gold für Rottöne
– Platin für Grautöne
– Mangan für Violettöne
– Eisen für Braunrot- und manche Grüntöne
– Uran und Antimon für Gelbtöne
– Zinn für Weiß
– Iridium für Schwarz

Aus diesen Mischungen entstehen meist *transparente* Emails, *opake* erhält man durch den Zusatz der gleichen Farbgeber und von zusätzlich noch mehr Zinnoxiden, Antimon und Ton. Es gibt auch bleifreie Produkte, die als Werkstoff für Kinder geeignet sind, allerdings ist die Farbpalette nicht so breit, und sie vermischen sich nicht gut mit anderen Emails.

Die Brenntemperatur, ab der Emails auf Metall haften, hängt von der Farbe ab und auch davon, ob sie transparent oder opak sind. Die Schmelztemperatur richtet sich ebenfalls nach der Zusammensetzung des Emails. Der Fachhandel klassifiziert jedes Email durch eine Nummer und den Härtegrad. »Hart« verweist auf eine hohe, »mittel« auf eine durchschnittliche und »weich« auf eine niedrige Brenntemperatur.

Kaufen Sie als erste Grundausstattung einfache Farben, darunter ein paar Blautöne (immer leicht zu handhaben), Hellrot, Grün, Gelb, Weiß und Schwarz. Weiße und schwarze Emails sind stets opak, bei den übrigen kann man in der Regel zwischen transparent und opak wählen. Außerdem brauchen Sie klare Schmelzmittel (Fondants) als Grundschicht für transparente Emails und für die Endglasur. Bei der Auswahl richten Sie sich am besten nach einer Farbtabelle im Fachhandel. Bedenken Sie aber, daß der endgültige Farbton immer auch vom verwendeten Metalluntergrund abhängt und davon, ob Sie ein farbloses Schmelzmittel oder einen weißen Grund nehmen.

Der Farbton, den das Email als Granulat oder Pulver im Laden hat, ist nicht mit der gebrannten Farbe identisch.

Die Farbnummern auf den Emailbehältern sind deshalb sehr wichtig. Sie erleichtern Ihnen das Nachbestellen (wenn Sie mit der Farbe zufrieden waren) und die Kontrolle (wenn Sie etwa mehrere Nuancen einer Farbe ausprobiert haben).

Emails gibt es in drei Ausführungen – transparent, opak und opalisierend. Transparente Emails sind lichtdurchlässig und reflektieren den Untergrund. Je heller das Metall vor dem Emaillieren war, desto heller scheint das Email. Die Farbintensität wird mit jedem neuen Überzug stärker.

Opake Emails decken eine Metalloberfläche vollkommen ab, sind also lichtundurchlässig. Nach dem Brand glänzen sie.

Opalisierende Emails wirken leicht milchig – eben wie Opale –, wodurch etwas Licht von der Metalloberfläche reflektiert wird. Um diesen schimmernden Effekt zu erzielen, muß man sie sehr akkurat brennen.

Diese drei Emailsorten sind sowohl als Granulat wie auch als Pulver erhältlich.

Das Granulat ähnelt kleinen Glasstückchen. Man bewahrt diese Stückchen in luftdicht verschlossenen Behältern auf. Vor dem Verschließen müssen sie völlig trocken sein. Ich verwende gern Gläser, um sie schon von außen sofort zu erkennen, doch das Wichtigste sind dicht schließende rostfreie Deckel. Ein mit Rostteilchen verschmutztes Email ist schwer zu reinigen.

Bei sachgemäßer Lagerung hält sich das Granulat jahrelang.

Zum Zermahlen des Granulats benötigen Sie Mörser und Stößel.

Auswahl von Granulatemails.

ARBEITEN MIT EMAIL

Man kann Email auch bereits gemahlen und abgepackt kaufen. Weiteres Mahlen ist dann meist überflüssig, doch man sollte es vor Gebrauch schlämmen. Trotz trockener Aufbewahrung in luftdichten Behältern hält es sich nicht so lange wie Granulat.

Für den Anfang empfehle ich Ihnen Emailpulver – es ist schneller gebrauchsfertig, und Sie bekommen rasch ein Gefühl für das Material, wenn Sie es rühren und schlämmen.

Emailpulver sollte wie feines Salz gekörnt sein, bevor man es zum Brennen auf Metall legt. Emailpulver ist bereits gemahlen, Granulat müssen Sie mit Mörser und Stößel selbst bis zur gewünschten Körnung mahlen.

Da beide Emailsorten Verunreinigungen enthalten, muß man sie vor Gebrauch schlämmen.

Palette mit einer Auswahl von Emailfarben in Pulverform.

MAHLEN UND SCHLÄMMEN VON GRANULAT

Sie brauchen
Mörser und Stößel
Emailgranulat
Leitungswasser
Hammer
destilliertes Wasser

Beim Zerstoßen größerer Mengen verfahren Sie wie hier beschrieben. Sie nehmen überschüssige Stückchen aus dem Wasser, lassen sie ganz durchtrocknen und legen sie wieder ins Glas zurück.

1 Granulat in den Mörser geben und diesen zur Hälfte mit Wasser füllen.

2 Mit dem Stößel auf die Bröckchen drücken und mit dem Hammer auf das obere Ende schlagen.

3 Den Stößel festhalten und durch kreisförmiges Mahlen und kraftvolles Hin- und Herbewegen das Email pulverisieren. Sie spüren, wie es immer feiner wird. Weitermahlen, bis alles zu Pulver gemahlen ist.

4 Mit dem Stößelgriff leicht an den Mörser klopfen, damit sich das Email leichter am Boden absetzt.

5 Vorsichtig das trübe Wasser abgießen, ohne das Email mit auszuschütten. Den Mörser mit frischem Wasser bis zur Hälfte auffüllen.

6 Den Mörser schwenken wie ein Cognacglas. Das Wasser trübt sich wieder ein. Mit dem Stößel von außen an den Mörser klopfen, damit sich das Email leichter setzt. Wasser abgießen.

7 Spülungen so oft wiederholen, bis das Wasser völlig klar bleibt.

8 Zum Schluß das Email mit destilliertem Wasser spülen. Jetzt kann man das Email »naß« auf das Metall aufbringen oder es nach dem Trocknen aufsieben.

Galerie

1. »Unterwasser«-Medaillon mit Kette: Silber- und Basse-Taille-Email.
JINKS McGRATH

2. Silber, 24karätiges Gold und Champlevé-Email-Medaillon, befestigt an geflochtener Kumihimo-Seide und einem Silberhalsband.
JINKS McGRATH

3. Sheffield-Park-Silber und Cloisonné-Medaillon mit Kette aus gegossenem Silber und Email.
JINKS McGRATH

4. Repoussé-Silberkreuz mit Goldcloisonné-Email an handgearbeiteter Kette.
JINKS McGRATH

5. Silber und Email: »Marienkäfer«-Medaillon an Silberkette.
JINKS McGRATH

6. Champlevé und Cloisonné: Silberohrringe.

8. Handgeformte feine Silberperlen: Silber-Cloisonné-Email, Rückseite Federdekor. Dazwischen Silber- und Onyxperlen.
ALEXANDRA RAPHAEL

9. Feinsilberohrgehänge aus handgeformten Muscheln, innen 18karätiger Goldcloisonnédraht und Golddrahtornamente.
ALEXANDRA RAPHAEL

SCHLÄMMEN UND MAHLEN VON EMAILPULVER

Sie brauchen
Emailpulver
Schraubdeckelglas
Leitungswasser
destilliertes Wasser

1 Gewünschte Menge Emailpulver in ein Schraubdeckelglas geben und mit reichlich Wasser bedecken.

2 Umrühren oder Flasche schütteln. Email auf den Boden sinken lassen. Verunreinigungen steigen auf, das Wasser trübt sich.

3 Wasser abgießen und frisches Wasser nachfüllen.

4 Schütteln, bis es keine Verunreinigungen mehr gibt und das Wasser klar bleibt. Zum Schluß mit destilliertem Wasser spülen.

Man kann Emailpulver auch mit Mörser und Stößel schlämmen und mahlen. Geben Sie dafür die gewünschte Pulvermenge in einen Mörser, und bedecken Sie sie mit Wasser, so daß der Mörser bis zur Hälfte gefüllt ist.

Den Mörser immer kreisförmig hin- und herbewegen und das Wasser darin schwenken wie einen guten Cognac; dabei das Email gründlich schlämmen und Verunreinigungen auswaschen. Sie können das Pulver in diesem Stadium nach Wunsch noch etwas feiner mahlen.

Trübes Wasser immer wieder abgießen, neues Wasser nachfüllen, Mörser schwenken und Email gut durchspülen.

Mit dem Stößelgriff zwischendurch gegen den Mörser klopfen, damit sich das Email setzt. Trübes Wasser abgießen.

Wiederholen, bis das Wasser ganz klar bleibt. Zum Schluß noch einmal mit destilliertem Wasser spülen. Jetzt ist das Email gebrauchsfertig.

ARBEITEN MIT EMAIL

TROCKENEMAILS AUFTRAGEN

Sie brauchen
Brennrost
Brenngabel
einen sauberen Bogen Papier
Haftmittel
Sieb oder Streuer
Emaillierwerkzeuge

Nach dem Abgießen des destillierten Wassers das Email im Mörser lassen oder in eine saubere flache Schale geben. Mörser oder Schale mit sauberem Lappen oder Geschirrtuch abdecken und auf oder bei dem warmen Ofen trocknen lassen. Email ein-, zweimal umrühren, damit es nicht klumpt. An der Trennung der Körnchen und der viel helleren Farbe erkennt man, daß es ganz trocken ist. Nun kann man es auf das Werkstück sieben. Metallstück auf den Brennrost legen, ohne die Oberseite mit den Fingern zu berühren.

1 Mit der Brenngabel den Rost mitten auf das saubere Papier stellen.

2 Mit einem Marderhaarpinsel das Metall mit einer dünnen Schicht Haftmittel überziehen.

3 Sieb auf das Papier legen und entweder mit einem kleinen Spatel oder Teelöffel das getrocknete Email aus dem Mörser oder Schälchen ins Sieb geben.

4 Sieb in nicht mehr als 7–10 cm Abstand über das Metall halten und vorsichtig mit dem Finger gegen das Sieb klopfen, damit das Email gleichmäßig auf das Metall fällt. In der Mitte sollte die Emailschicht nicht dicker sein. Besser, es liegt am Rand höher, weil das Email sich beim Brennen zusammenzieht.

5 Das Werkstück mit dem Rost vom Papier nehmen. Das Papier leicht falten und die Pulverreste in Mörser oder Schale zurückschütten.

6 Reicht die Emailschicht auf dem Werkstück aus, ein paar Minuten trocknen lassen, dann ist sie brennbereit. Ist die Schicht zu dünn, Vorgang wiederholen. Jeglichen Emailrest für weiteren Gebrauch in den Mörser geben.

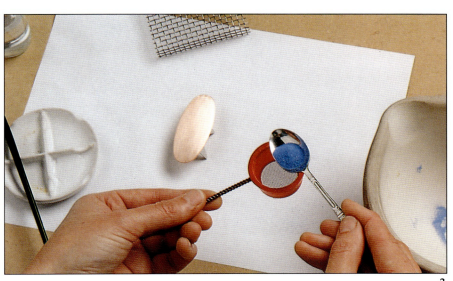

Galerie

1

2

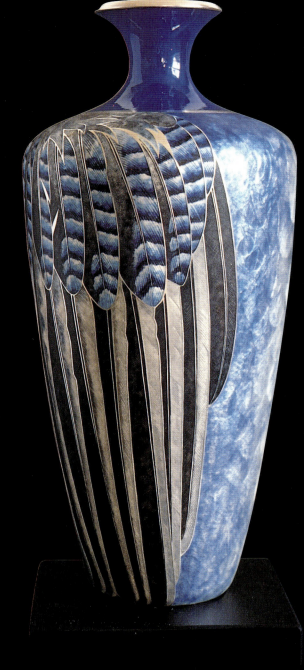

3

1. 18karätige Golddose mit grünem Email; Basisgravur von Malcolm Long.
GERALD BENNEY

2. 18karätige Golddose mit Quarzhaube; Basisgravur von Malcolm Long.
GERALD BENNEY

3. Vase mit Dekor »Eichelhäherflügel« – Champlevé auf Silber.
JANE SHORT

4. Brosche aus Silber, Email und Feingold mit gepunztem Silberornament.
SHEILA McDONALD

5. Sterlingsilber-Brosche mit transparenten und opaken Emails mit feinen Silber-cloisonnédrähten. Oberer Teil aus sandgestrahltem Schiefer mit Goldfolie.
JESSICA TURRELL

6. Sterlingsilber-Brosche mit transparenten und opaken Emails und Silber-cloisonnédrähten.
JESSICA TURRELL

7. »Fisch«-Lesezeichen: gehämmertes Silber mit Unterglasuremailoxiden, überzogen mit transparenten Farben.
JOAN MACKARELL

8. Grisaille-Vasen auf Kupferfolienrelief.
MAUREEN CARSWELL

MIT DEM STREUER ARBEITEN

Sie können Streudosen mit Siebdeckel kaufen, um das Emailpulver auf Ihr Werkstück zu streuen, oder aber sie selbst anfertigen, wie auf Seite 14 beschrieben.

1 Geben Sie das trockene Emailpulver in den Streuer und schrauben Sie den Deckel fest darauf.

2 Stellen Sie den Ständer mit dem vorbereiteten Metall auf ein sauberes Stück Papier.

3 Mit einem Marderhaarpinsel das Metall dünn mit Haftmittel überziehen.

4

4 Den Streuer höchstens 7–10 cm über das Werkstück halten und das Emailpulver gleichmäßig auftragen. Wie beim Sieb vermeiden, daß sich das Email in der Mitte des Werkstücks aufhäuft. Die erste Schicht Email sollte das Metall gut bedecken. Wenn es zu dünn ist, entstehen Löchlein und blanke Metallstellen scheinen durch. Wenn sich zuviel Email in der Mitte ansammelt, splittert es nach dem Brennen möglicherweise ab. Ist es am Rand zu dünn, zieht es sich zur Mitte hin weg. Restliches Pulver in einem trockenen Behälter mit luftdichtem Verschluß aufbewahren. Vor weiterem Gebrauch wieder schlämmen.

NASSEMAILS AUFTRAGEN

Sie brauchen
Küchenkrepp oder Brennrost
Haftmittel (falls nötig)
Pinsel
Emaillierwerkzeug

Nach der letzten Spülung mit destilliertem Wasser gerade soviel Wasser im Mörser lassen, daß es das Email bedeckt. Den Mörser schwenken, kippen und Email mit dem Wasser auf eine Palette schütten. Es sollte möglichst in einem Guß alles gleichzeitig auf der Palette landen. Emailreste aus dem Mörser in die Palette kratzen, dann den Mörser gründlich waschen, damit er sauber ist, bevor noch weiteres Email gemahlen wird.

1 Das Metallstück vorbereiten und behutsam auf ein Stück sauberes Küchenkrepp oder einen Brennrost legen. Metallstück unbedingt immer an den Kanten anfassen. Die Metallfläche sollte möglichst nicht mit den Fingern berührt werden, da etwaige Fettspuren der Haut dazu führen würden, daß das Email sich beim Brennen nicht mit dem Metall verbindet.

2 Beim Emaillieren einer Wölbung kann man eine dünne Schicht Haftmittel mit einem Marderhaarpinsel auftragen, aber bei nassen Emails ist das nicht unbedingt nötig.

3

3 Den kleinen Spatel oder Gänsekiel in die Emailmasse tauchen und aus dem Wasser ziehen, so daß eine winzige Menge am Ende klebt. Die Lösung sollte naß sein, aber es sollte mehr Email als Wasser aufgenommen werden.

4

4 Das Email gleichmäßig auf dem Metall verteilen. So oft kleine Emailmengen auftragen, bis die ganze Fläche bedeckt ist. Die Schicht sollte zwar so dünn wie möglich sein, aber das Metall dennoch ganz bedecken. Verteilen Sie das Email gleichmäßig mit einem Ziehhaken oder einem ähnlichen zahnärztlichen Instrument.

5 Klopfen Sie mit dem Griff des Spatels seitlich an das Metall, damit sich das Email schön flach ausbreiten kann.

ARBEITEN MIT EMAIL

6 Enthält die Emailmasse auf dem Metall zuviel Wasser, so daß sie nicht gleichmäßig aufliegt, halten Sie die Ecke eines Stücks Küchenkrepp seitlich ans Email – nicht darauf –, um auf diese Weise überschüssiges Wasser aufzunehmen.

7 Tragen Sie soviel Email auf, daß die Fläche bedeckt ist. Vor dem Brand völlig trocknen lassen.

Eventuell ist es schwierig, nasses Email neben getrocknetem aufzubringen, weil das trockene Email das Wasser aufsaugt, während man das nasse Email auflegt. Man kann das Werkstück mit etwas Wasser besprengen oder vor dem Naßemailauftrag etwas Wasser auf die zu bedeckende Fläche geben.

EMAIL BRENNEN

Die meisten Emails brennen zwischen 750 °C und 900 °C. Die tatsächliche Temperatur, bei der Emails jeweils glasieren oder glänzend werden, hängt davon ab, ob sie hart, mittel oder weich brennen. Je härter das Email, desto höher die Brenntemperatur. Die Brenndauer richtet sich nach Größe und Dicke der Arbeit und nach dem verwendeten Email. Ein großes Stück braucht 3 oder 4 Minuten im Ofen, während ein kleines nach weniger als einer Minute fertig sein kann.

Die richtige Brenntemperatur und -dauer läßt sich durch das Brennen eines Probestücks ermitteln. Emailleure brennen immer eine Probe, um

- die Brenntemperatur bestimmter Emails zu ermitteln,
- die Farben auf einem Metall und auf einem Fondant zu testen,
- die Eignung eines Emails für das Werkstück sowie die Harmonie der Farben zu prüfen und
- zu bestimmen, wie jedes Email auf Säure reagiert (etwa wenn Oxide vom Metall entfernt werden) und auf Poliermittel, denn manche Emails nehmen beim Schleifen Schmutz- und Fettflecken an, die sich nicht entfernen lassen.

Anleitungen für Probestücke finden Sie auf Seite 32.

WERKSTÜCKE BRENNEN

Wenn das Email völlig trocken ist, kann man es zum Brennen in den Ofen geben. Es ist sehr wichtig, beim Trocknen darauf zu achten, daß kein Stäubchen auf dem Email landet. Etwaige Teilchen mit der angefeuchteten Spitze eines feinen Pinsels abheben, ohne dabei das trockene Email aufzuwirbeln. Emails also zum Trocknen möglichst an einem Ort aufstellen, wo sie weder Zugluft noch aufwirbelndem Staub ausgesetzt sind.

Email trocknet schneller, wenn man es kurz vor den geöffneten Ofen hält.

Die Trockenzeit läßt sich verkürzen, indem man das Email mit einer langen Brenngabel auf einem Brennrost vor die Ofentür hält, oder es kann an einem warmen Ort natürlich trocknen. Überschüssiges Wasser von der Seite mit Küchenkrepp aufsaugen. Kommt das Email in den Ofen, bevor es ganz trocken ist, kocht das Wasser schnell, verdunstet und hinterläßt Löchlein im Email.

FÜNF BRENNPHASEN

1. Email ist trocken, hat sich aber noch nicht mit dem Metall verbunden.
2. Email hat angefangen sich zu verbinden, ist aber uneben.
3. Email im »Orangerschalen«-Stadium.
4. Email, gebrannt, aber noch nicht glatt.
5. Email bei richtiger Temperatur und Dauer glattgebrannt.

ARBEITEN MIT EMAIL

EIN WERKSTÜCK BRENNEN

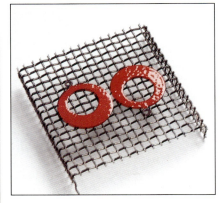

Email im »Orangenschalen«-Stadium.

1 Die hitzebeständigen Handschuhe überziehen und Ofenklappe öffnen.

2 Die Brenngabel unter den Brennrost mit dem aufgelegten Werkstück halten und vorsichtig in den Ofen heben. Brenngabel herausziehen.

3 Die Ofenklappe schließen. Manche Ofentüren haben ein kleines Guckloch, so daß Sie Ihr Werk im Auge behalten können. Sollte das bei Ihnen nicht der Fall sein, können Sie die Klappe beim Brennen gerade so weit geöffnet halten, daß Sie das Brennstadium erkennen können. Da auf diese Weise viel Hitze entweicht, müssen Sie die Temperatur höher stellen.

4 Beim Aufschmelzen können Sie sehen, wie das Email dunkler wird. Zuerst wirkt es meliert, dann erscheint es wellig und glänzend. Bei längerer Brenndauer würden die Wellen abflachen, doch damit wartet man meist bis zum letzten Brand. Die Arbeit mit der langen Brenngabel aus dem Ofen heben.

5 Emailliertes Stück in Ofennähe auf eine hitzebeständige Unterlage legen, so daß es allmählich abkühlt.

6 Nach dem Abkühlen das Email beizen, um die im Ofen entstandenen Oxide vom Metall zu entfernen. Vorsichtshalber am Probestück testen, ob das Email die Säure verträgt.

7 Nach dem Beizen gut mit Wasser abspülen. Ich empfehle zusätzlich, die Stücke dabei sanft mit der Glasbürste zu reinigen, damit sie gründlich sauber werden.

8 Zweite Schicht auflegen und Stück erneut brennen.

9 Emails möglichst in sehr dünnen Schichten auftragen und jede einzeln brennen.

10 Beim letzten Brand solange warten, bis das Email ganz glatt verlaufen ist.

SCHLEIFEN

Nach dem Brand schleift man etwaige Unebenheiten glatt. Dafür muß das Email höher liegen als der Metallrand. Halten Sie das Stück in einer Hand unter fließendes Wasser und reiben Sie mit der flachen Seite der Karborundfeile gleichmäßig darüber, bis Email und Metall auf gleichem Niveau sind; dabei kein Metall abschleifen. Wasserschleifpapier (240er bis 600er Körnung) um einen Schleifstein legen, unter fließendem Wasser Werkstück schön glatt polieren, abspülen und trocknen. Zum Schluß glanzbrennen.

GLANZBRENNEN

Hierzu muß die Temperatur etwas höher sein als bei den früheren Bränden, also das Werkstück aus dem Ofen nehmen, sobald das Email glatt und glänzend aussieht. Wenn ein Email mehrmals gebrannt werden muß, brauchen Sie eventuell zwischendurch nicht zu beizen. Vor jedem neuen Schichtauftrag Rußteilchen restlos vom Kupfer entfernen. Silber oxidiert nicht immer nach dem Beizen.

FONDANTS

Es gibt harte, mittlere und weiche Fondants, die alle mit verschiedenen Emails kombinierbar sind. Bevor Sie ein Stück in Angriff nehmen, prüfen Sie die Kompatibilität der gewählten Fondants und Emails anhand einer Probe.

Harten Fondant verwendet man meist als Untergrund für transparente Emails auf Kupfer. Er eignet sich auch als Gegenemail.

Blauer Fondant wird oft zur Hervorhebung von Rot- und Rosatönen genutzt, weil er silbrig brennt, andere Fondants dagegen gelblich. Ein harter silberner Fondant liefert eine gute Basis für Cloisonné. Sorgfältig verwendet verträgt er sich mit mittel- und weichbrennenden Emails.

Weiche Fondants kann man als Schutzschicht für ein Email verwenden und zum Füllen von Cloisonnés (aus Cloisonnédraht gebildete Zellen) über Farben, die einen Überzug brauchen. Sie verhindern auch, daß die Farbe bei mehreren übereinander gelagerten Schichten zu dunkel wird. Mit Fondant kann auch das ganze Email überzogen werden, dann wirkt es plastisch.

Der erste Brand mit Fondant benötigt meist eine etwas höhere Temperatur als die nachfolgenden. Ist nach dem letzten Brand eine Beize erforderlich, kann eine Fondantschicht die oberste Emailschicht schützen. Manche Emails reagieren schlecht auf die Beize. In diesem Fall schützt der Fondant vor einem Säureangriff.

GEGENEMAIL

Gegenemail verwendet man, um die Spannung auszugleichen, die entsteht, wenn das Email auf nur eine Seite eines Metallstücks aufgeschmolzen wird. Email und Metall ziehen sich beim Abkühlen unterschiedlich schnell zusammen, daher verbiegt sich die Metallbasis. Trägt man mehrere Emailschichten auf das Metall auf, ohne dieser Spannung entgegenzuwirken, springt das Email entweder ganz ab oder es entstehen beim Abkühlen Risse.

Brennt man eine Schicht Gegenemail auf die Metallrückseite, bleibt das Metall flach und das Email bleibt haften.

Gegenemail läßt sich manchmal schwer in die Gestaltung einer Arbeit integrieren. In einem solchen Fall begegnet man der Spannung, indem man dem Metall eine Kuppelform gibt und emailliert. Kommt ein Werkstück leicht verbogen aus dem Ofen, kann man es flachpressen, solange es noch heiß ist, indem man es zügig auf eine warme flache Metallfläche legt und mit einem zweiten flachen Metallstück bedeckt.

Auf Gegenemail kann man ebenfalls verzichten, indem man stärkeres Metall als sonst verwendet. Bei einem Stück Kupfer oder Silber von 0,5 mm Dicke und einer Emailschicht von 0,2–0,3 mm müßte man ein Gegenemail aufschmelzen, damit es flach bleibt. Bei einer Metalldicke von 1,2 mm kann man eine ebenso dicke Emailschicht aufbringen, ohne gegenemaillieren zu müssen.

ZUM EMAILLIEREN GEEIGNETE METALLE

Kupfer

Kupfer ist ein weiches, formbares Metall, das sich zum Emaillieren sehr gut eignet; außerdem das ideale Material für Anfänger, da es relativ preiswert ist. Kupfer läßt sich leicht formen und biegen, man kann es mit der Blechschere schneiden, und man kann es auch ohne aufwendige Champlevé-Technik ätzen.

Der Schmelzpunkt des Kupfers liegt mit 1083,4 °C höher als der des Emails, daher ist das Risiko, ein Stück beim Schmelzen zu verderben, gering. Kupfer wird oft als Basis für Emailschmuck verwendet. Besonders gelungene Stücke kann man mit Silber oder Gold einfassen. Kupfer findet auch sehr viel Verwendung für größere Stücke wie Schalen, Bildtafeln, Teller und Dosen.

Wenn Kupfer erhitzt wird, bildet sich ein Oxid an der Oberfläche, das, wenn man nicht vorsorgt, die meiste Emailarbeit verdirbt. Normalerweise muß man die schwarzen Oxidschuppen vor jedem Brand entfernen, entweder durch Eintauchen des Stücks in eine Beize oder durch Scheuern der Fläche mit Stahlwolle und danach mit Wasserschleifpapier.

Glühen Metall wird auf eine bestimmte Temperatur erhitzt, so daß es nach dem Abkühlen weich genug zum Bearbeiten ist. Man kann Kupfer sowohl im Ofen als auch mit einer Lötlampe erhitzen.

Den Ofen auf etwa 700 °C vorheizen. Kupfer auf Brennrost hineinlegen und ein bis zwei Minuten im Ofen lassen, bis es rot aussieht, herausholen und sofort in Wasser abschrecken. Zum Säubern in die Beize eintauchen.

Bei Verwendung einer Lötlampe das Kupfer auf Lötstein und Lötblech legen. Vor einem dunklen Hintergrund arbeiten, damit man die Farbe der Gasflamme sieht. Die Hitze steckt im orangeblauen Teil der Flamme, direkt unter der Spitze. Mit dieser weichen blauen Flamme ganz über das Kupferstück streichen.

Dabei verändert sich die Farbe des Metalls. Fortfahren, bis es rot wird. Metall in die Flamme halten, bis das ganze Stück rot aussieht. Rotglühendes Metall ein paar Sekunden in die Flamme halten, dann Flamme löschen und das Kupfer sofort in Wasser abschrecken. Dazu Messingzange oder Pinzette verwenden. Zum Schluß die Oberfläche des Kupfers durch Eintauchen in Beize säubern.

Beizen Zum Reinigen des Kupfers nach dem Glühen Werkstück in eine Lösung von 10 Teilen Wasser auf einen Teil Schwefelsäure tauchen; oder in einen halben Liter Essig und 4 Eßlöffel Salz.

Kupfer untergetaucht lassen, bis es völlig blank ist. Die Essiglösung ist die sicherste und leichteste Methode, wenn Sie keinen separaten Hobbyraum haben, aber für ein gutes Resultat brauchen Sie etwas Geduld.

Das gereinigte Stück mit der Messingzange aus der Beize heben, gut unter fließendem Wasser abspülen und zum Emaillieren vorbereiten.

Kupfer zum Emaillieren vorbereiten Es ist am einfachsten, alle Flächen zum Emaillieren vorzubereiten, indem man sie naß hält. Mit einem Stück Wasserschleifpapier – mit Körnung 240 beginnen und dann, falls nötig, 400er bis 600er – das Kupfer von beiden Seiten schmirgeln. Dann die gesamte Fläche mit einer Glasbürste bearbeiten, bis das Metall glänzt und das Wasser flächig darauf haftet. Perlt das Wasser ab, ist die Fläche noch nicht sauber genug. Bedenken Sie, daß das Email sich ähnlich wie Wasser verhält – ist der Untergrund nicht richtig sauber, perlt es beim Brennen ab.

Nach gründlicher Reinigung das Kupferteil behutsam auf sauberes Küchenkrepp oder einen Ständer legen, dabei die gereinigte Fläche nicht berühren.

Eine gute Endreinigung erzielt man durch Ablecken, denn Speichel ist ein fabelhaftes Neutralisierungsmittel.

Fertigstellung Nach dem letzten Brand glänzt das Email wunderschön. Die Arbeit ist im Prinzip jetzt fertig, es sei denn, Sie wünschen sich das Stück mattiert. Meist muß man das Metall nach dem Emaillieren säubern und polieren. Die schwarzen Metalloxide, die sich im Ofen auf dem Metall bilden, entfernt man in einer Lösung aus 10 Teilen Wasser und einem Teil Schwefelsäure oder in einem halben Liter Essig mit 4 Eßlöffeln Salz. In der Schwefellösung verschwinden die Oxide schneller als in Essig.

Manchmal reagieren die Emails schlecht auf die Säure, daher sollte man immer ein Probestück beizen, um unliebsame Überraschungen zu vermeiden.

Schwefelsäure kann man über die Apotheke beziehen, man bekommt auch eine »Sicherheitsbeize« bei Schmuckwerkzeuglieferanten. **Beachten Sie immer, daß Säuren gefährlich sind;** man muß sehr vorsichtig damit umgehen. Arbeiten Sie mit Gummihandschuhen, und geben Sie die Säure immer dem Wasser bei, nie umgekehrt.

Nach dem Beizen und Spülen kann man das Metall entweder manuell oder maschinell polieren.

Reinigen Sie das Kupfer mit einer Glasbürste.

Mit feiner Feile die Kante eines Silberstücks glätten.

Wenn Sie eine Maschine nehmen, verwenden Sie eine Filzpolierscheibe von 240 Mesh und Bimssteinpulver, vermischt mit Wasser, Polierweiß oder Glyzerin. Der Elektromotor sollte zwischen 900 und 1200 Umdrehungen pro Minute haben. Abschließend mit Polierrot auf einem Lammfellmop schleifen. Auch hier empfiehlt sich ein Probestück, da manche Emails sofort das Politurfett annehmen und sich dann nicht mehr reinigen lassen.

Für das Polieren von Hand gibt es mehrere Methoden. Metallkanten lassen sich gut mit einer feinen Feile und danach mit einem Polierstahl polieren. Flüssige Metallpoliermittel kann man mit einem Fensterleder oder Staubtuch auftragen. Für ebene Flächen eignet sich auch ein Polierstab, ein flaches Stück Holz von etwa 2,5 x 1 x 30 cm, das zur Hälfte mit Filz oder Leder beklebt ist. Auf Filz Bimssteinpulverpaste auftragen, auf Leder Polierrot, das in etwas Feuerzeugbenzin aufgelöst wurde.

Auch mattiert kann Email sehr attraktiv aussehen. Nach dem Polieren vorsichtig mit Wasserschleifpapier in immer feinerer Körnung bearbeiten, mit 600 oder 1200 abschließen. Das Stück braucht nicht noch einmal gebrannt zu werden. Sie können das Metall extra polieren. Einen ähnlichen Effekt erzielt man, wenn man das Email nach dem letzten Brand und Metallschliff in Mattiersalz hält. Dieses frißt sich in die Oberfläche des Emails und läßt es matt erscheinen. Reiben Sie zum Schutz vor Ablagerungen etwas Silikonwachs auf das Email.

Silber

Es gibt vier Arten von Silber zum Emaillieren: Feinsilber besteht zu 999,9 von 1000 Teilen aus reinem Silber; Britanniasilber ist eine 958er Legierung; Sterlingsilber hat 925 Teile Silber auf 1000 Teile (Rest Kupfer); und Sterlingsilber/Emaillierqualität hat die gleiche Legierung wie Standard-Sterlingsilber, aber Kupfer und Silber verbinden sich zu sehr hoher Reinheit.

Feinsilber hat eine wunderschöne Farbe, aber leider ist es sehr weich und daher für Schmuck nicht besonders geeignet. Je höher die Reinheit des Metalls, umso weniger schwarze Flecken entstehen beim Brennen.

Theoretisch sollte sich Britanniasilber aufgrund des höheren Silbergehalts besser emaillieren lassen als Standardsilber. Doch es ist leider auch ziemlich weich und hat nicht die schöne, reine Farbe von Feinsilber.

Sterlingsilber wäre ein perfektes Emailmetall, wenn es nicht so anfällig für schwarze Flecken wäre. Leider zeigt sich der Kupfergehalt nach dem Erhitzen in dunklen Flecken an der Oberfläche. Emaillieren auf Verfärbungen läßt transparente Emails stumpf und trüb werden. Zwar sind opake Emails nicht betroffen, aber man möchte in der Regel nicht eine ganze Silberfläche mit opakem Email überziehen. Geglühtes Sterlingsilber ist weich genug zum Verarbeiten und hart genug für Schmuckzwecke.

Bei Sterlingsilber/Emaillierqualität stehen Sie auch vor dem Fleckenproblem, aber Kupfer und Silber sind hier von sehr hoher Qualität, was Verunreinigungen ausschließt.

Glühen Den Brennofen auf etwa 600 °C vorheizen und das Silber auf einem Brennrost in den Ofen legen. Wenn das Silber überall dunkelrosa ist, herausnehmen und im Wasser abkühlen. Oberfläche durch Beizen säubern.

Wenn Sie eine Lötlampe nehmen, arbeiten Sie in einem abgedunkelten Raum, und streichen Sie mit dem Ende einer weichen blauen Flamme über das Silber, bis es dunkelrosa wird. Solange fortfahren, bis das Silber überall die gleiche Farbe hat, dann die Flamme auslöschen und das Silber rasch in Wasser abkühlen. Oberfläche durch Beizen säubern.

So sollte die Flamme der Lötlampe aussehen, wenn man damit glühen will.

Beizen Verfahren Sie mit dem Silberstück so wie schon beim Kupfer beschrieben. Legen Sie das Silber mit einer Messingzange in die Lösung, und lassen Sie es solange darin, bis die Oberfläche sauber ist. Mit der Zange herausholen und gut spülen. Die Beize wirkt schneller, wenn sie warm ist. Füllen Sie die Säure- oder Essiglösung in ein Schraubglas, verschließen Sie es sorgfältig, und erhitzen Sie die Lösung langsam und nicht zu stark im Wasserbad.

Silber, nach dem Erhitzen bis zur Hälfte in Beize eingetaucht.

ARBEITEN MIT EMAIL

ENTFERNUNG SCHWARZER FLECKEN

Schwarze Flecken kann man vermeiden, indem man das reine Silber im Sterlingsilber zum Vorschein bringt. Wenn man das Silber glüht, abkühlen läßt und beizt, wird die Oberfläche allmählich immer weißer, weil das Feinsilber hervortritt. Wenn man das Glühen und Beizen vier- oder fünfmal wiederholt, erhält man außen eine wirklich gute Schicht Feinsilber.

Oder man überzieht die Silberoberfläche mit einem Antioxidationsmittel, das man mit Wasser oder Methylalkohol zu einer weichen Paste mischt und vor der Hitzebehandlung gleichmäßig auf das Silber aufträgt.

Nach dem Glühen Rückstände des Antioxidationsmittels beseitigen und eventuell erneut auftragen, falls das Silber noch einmal erhitzt werden muß, jedoch auf keinen Fall auf die Lötstellen. Da es vor allem ein Schmelzmittel ist, würde es die Lötmasse auflösen.

Wenn es Ihnen nicht gelingt, schwarze Flecken zu verhindern, können Sie sie in einer Lösung aus drei Teilen Wasser und einem Teil Salpetersäure entfernen. Silber mit einer Messing- oder Plastikzange ein paar Sekunden in die Lösung tauchen und dabei bewegen. Sobald eine schwarze Stelle auf dem Silber erscheint, dieses aus dem Säurebad nehmen, unter fließendem Wasser abspülen und mit einer Wasser-Bimssteinpulver-Paste polieren. Paste mit einer weichen Zahnbürste auftragen und polieren, bis die schwarze Stelle verschwindet. Vorsicht bei Lötnähten: Diese Lösung könnte auch Lötstellen angreifen.

Sie können auch mit einem weichen Graphitstift arbeiten. Wenn Sie ihn naß über die oxidierten Stellen reiben, so daß eine Paste entsteht, dann verschwinden die Flecken langsam. Überprüfen Sie das Ergebnis durch Abwaschen der Paste.

Silber zum Emaillieren vorbereiten Je glänzender das Silber unter transparentem Email ist, desto mehr reflektiert es das Licht und desto strahlender wirken die Emailfarben. Das Silber gründlich mit Wasser abspülen und mit der Glasbürste säubern, bis das Wasser sich flächig auf dem Metall verteilt, ohne abzuperlen. Jede Oberflächenbehandlung wie Texturieren, Gravieren oder Ätzen sollte vor der letzten Säuberung beendet sein. Legen Sie das Silber auf Küchenkrepp oder einen Ständer und am besten lecken Sie es ab (vgl. den Abschnitt »Kupfer zum Emaillieren vorbereiten«, S. 28), bevor Sie die Emails auftragen.

Säubern Sie die Silberoberfläche unter fließendem Wasser mit einer Glasbürste.

VIEL SPASS

Es gibt andere Methoden zum Emaillieren von Kupfer, z. B. die Verwendung von Schnörkel- oder Spiralwerkzeug, Einbrennen von Millefiori (Tausendblümchen), Fadenemail oder Stückemail, Schablonieren und Sgraffito. All diese Techniken, mit Ausnahme mancher Sgraffitoarbeiten, brauchen einen harten Fondant oder eine harte weiße Grundierung, und das Stück sollte gegenemailliert werden. Sieben Sie eine Schicht transparenter bunter oder Fondantemails auf das Werkstück, bevor Sie Ornamentemail auflegen. Tausendblümchen sind rundliche Stückchen, die durch und durch gemustert sind, wodurch sie wie Strandkiesel wirken. Fadenemail sind Emailnadeln, die man in Linien oder zerbrochen in Stückchen legen kann. Stückemails, transparent oder opak, schmelzen und bleiben leicht erhaben, wenn man sie nicht zu lange oder zu heiß brennt.

Millefiori, Faden- und Stückemail Eine transparente Farbe über die zuvor gebrannte Grundierung streuen, Ornamente auflegen und leicht ins Email drücken, damit sie beim Brennen halten. Wenn Sie mit einer ge-

Antioxidationsmittel auf einem Ring, um schwarze Flecken zu vermeiden.

Emailbröckchen mit der Pinzette in Haftmittel stippen und danach auf trockenes, gesiebtes Email legen.

wölbten Fläche arbeiten, tauchen Sie die Verzierung vorher in etwas Haftmittel. Besonders Tausendblümchen haben eine sehr hohe Schmelztemperatur.

Sollen die Tausendblümchen flach aufliegen, lassen Sie sie nach dem Schmelzen etwas länger als sonst im Ofen, damit sie verlaufen können.

Schablonentechnik Viel Spaß bereitet auch die Arbeit mit Schablonen und Email. Experimentieren Sie mit verschiedenen Objekten, die sich als Schablone verwenden lassen: Brennrost, Blüten, Blätter, Tortenspitzen... Streuen Sie ein transparentes Email durch eine Schablone auf Ihre Grundierung, dann ändern Sie die Position der Schablone etwas, so daß das neue Emailmuster das erste leicht überschneidet. So erhalten Sie attraktive Mischfarben und interessante Muster.

Marmorieren Sieben Sie eine Schicht transparenter Emails über eine Fondantgrundierung oder eine weiße Basisemailschicht. Nehmen Sie kleine Prisen einer anderen Emailfarbe, und bestreuen Sie damit die Flächen, die Sie marmorieren wollen. In den Ofen geben und brennen. Wenn das Stück eigentlich fertig wäre, die Tür ein Stück öffnen. Werkstück mit einem Ziehhaken festhalten und mit einem anderen Werkzeug rasch spiralförmig durch die beiden Farben ziehen. Ofen wieder schließen und brennen, bis die Muster flach verlaufen. Das hierfür verwendete Werkzeug in kaltes Wasser tauchen und verbliebene Emailspuren entfernen. Beim Marmorieren mit Stück-, Faden- oder Tausendblümchenemails muß der Ofen heißer sein. Abwarten, bis sie in die transparente Emailschicht eingeschmolzen sind, mit dem Haken ein Muster ziehen, dann bei geschlossener Tür noch etwas brennen lassen und herausholen.

Bleibt der Ziehhaken im Email kleben, hat sich der Ofen bei geöffneter Tür zu sehr abgekühlt, daher ist das Email nicht gut verlaufen und klebrig. In diesem Fall den Ofen so weit wie möglich schließen und erhitzen, bis Sie den Haken wieder herausziehen können. Marmorieren Sie also möglichst zügig.

Sgraffito Sgrafitto war ursprünglich eine japanische Technik, eine Farbe derart mit einem Muster zu durchziehen, daß die gezogenen Linien wie eine zweite Farbe wirken. Es gibt verschiedene Wege, diesen Effekt zu erzielen.

Man kann einfach ein Email – am besten ein opakes – auf bereits gegenemailliertes Kupfer sieben. Mit dem Dorn ein Muster ins ge- siebte trockene Email ziehen und mit einem feuchten Pinsel unerwünschtes Pulver aus den Linien entfernen, so wie beim Modell »Untersetzer«. Werkstück brennen, danach Rußteilchen vom Kupfer entfernen. Das Kupfer leuchtet dann als glänzende Linie durch das Email.

Oder Sie emaillieren eine Grundierung auf das Kupfer und brennen ein Gegenemail auf. Dann eine andere Farbe über die erste gebrannte Schicht streuen. Ein Muster durch die obere Streuschicht ziehen und das Werkstück brennen. Die Rillen behalten die Grundfarbe. Abschließend können Sie die Rillen mit Farbe füllen (mit Naßemail oder indem Sie die Linien mit Haftmittel bepinseln und Farbe hineinsieben). Überschüssiges Email mit feuchtem Pinsel entfernen, dann flach aufschmelzen lassen.

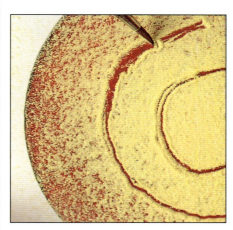

Für den Sgraffito-Effekt Pinsel durch aufgesiebtes Email ziehen.

Silberbrosche in Cloisonné- und Sgraffito-Technik.
JINKS McGRATH

Probestücke

Der Erfolg beim Emaillieren führt über die Anfertigung von Probestücken, denn die Qualität eines fertigen Stücks resultiert aus dem, was man beim Üben gelernt hat. Sie wollen folgendes herausfinden: die Brenntemperatur für jedes Email – d. h., ob es hart, mittel oder weich ist; wie anders ein Fondant unter einer transparenten Farbe wirkt; ob das Email empfindlich auf das Säurebad reagiert; wie sich Polieren auswirkt und wie verschiedene Farben zusammenpassen. Wenn Sie systematisch probebrennen, verfügen Sie über wertvolle Informationen, bevor Sie eine neue Arbeit beginnen.

Schlichtes Probestück
1. Ein Kupfer- oder Silberstück, etwa 2,5 × 4 cm, gründlich säubern und auf einer Seite mit einer scharfen Stahlspitze oder einem Reißnagel drei parallele Linien einritzen. Oben ein Loch bohren.
2. Die Rückseite mit hartem Weiß oder Fondant gegenemaillieren.
3. Die Vorderseite in einer Schwefelsäurelösung oder in einer Essig-Salz-Lösung beizen, mit Wasserschleifpapier schmirgeln und mit einer Glasbürste reinigen. Trocknen lassen.
4. Den ersten Abschnitt ohne Email lassen, den zweiten Abschnitt mit weißem Email und den dritten mit hartem oder mittlerem Fondant bestreuen.
5. Das Probestück brennen und abkühlen lassen.
6. Blankes Metall reinigen.
7. Ein ausgewähltes Emailpulver über die drei Abschnitte streuen und als Probestück brennen.
8. Die Farbnummer und das Fabrikat des Emails oben auf das freie Metallstück ritzen, Brennzeiten und -temperaturen, Säurekonzentration, Beizdauer, verwendete Poliermittel usw. notieren.

Aufwendiges Probestück
1. Silber- oder Kupferstück, etwa 2,5 × 4 cm, säubern und mit scharfer Stahlspitze fünf parallele Linien auf die Vorderseite ritzen.
2. Metall reinigen und Rückseite mit hartem oder mittlerem Fondant gegenemaillieren.
3. Vorderseite mit Beize, Wasserschleifpapier und Glasbürste bearbeiten.
4. Den ersten Abschnitt frei lassen.
5. Auf den zweiten Abschnitt hartes Weiß, auf den dritten und vierten mittleren oder harten Fondant und auf den fünften blauen Fondant auftragen.
6. Probestück ziemlich heiß brennen.
7. Nach dem Abkühlen freien Metallabschnitt reinigen, dann ersten, zweiten und dritten Abschnitt mit Farbe, den vierten mit Silberfolie und den fünften mit einem kleinen Stück Goldfolie belegen.
8. Probestück brennen und abkühlen lassen.
9. Farbe auf Abschnitt vier und fünf legen, brennen und abkühlen lassen. Falls erwünscht, eine weitere Farbe auf alle Abschnitte brennen.
10. Nummer und Fabrikat des Emails oben ins Probestück ritzen, Brennzeiten, Temperaturen, Säure- und Schleifmittelverhalten notieren.

Schlichtes Probestück.

Aufwendiges Probestück.

3 Modelle

MODELLE

Anhänger »Blauer Stern«

Als erste Arbeit habe ich einen Sternanhänger aus Kupfer gewählt. Dazu habe ich dunkelblaues Emailpulver verwendet, das das Kupfer gut abdeckt, und ein mittleres weißes Emailpulver. Der Anhänger wird an einem Lederriemen getragen. Wie bei allen Arbeiten in diesem Buch sollten Sie zuerst den Arbeitsbereich gründlich reinigen und alle Utensilien bereitlegen.

Sie brauchen
kleinen Handbohrer
Kupfersternplatine
Ständer
Pinsel
Haftmittel
Teelöffel oder kleinen Spatel
dunkelblaues Emailpulver
 – geschlämmt und getrocknet
Sieb oder Streuer
Petrischalen für trockene Emails
Dorn
Ständer
Brenngabel
Kachel oder Platte
weißes Emailpulver (mittel)
 – geschlämmt und getrocknet
Wasserschleifpapier, 240er und 400er
flachen Feilnagel
Ringöse
Lederriemen

Schablone

1

1 Loch von etwa 1 mm Durchmesser mit dem Handbohrer in eine Sternspitze bohren.

2

2 Mit 2–3-mm-Bohrer Loch im Stern ausweiten. Kupfer zum Emaillieren vorbereiten und auf den Ständer legen, dabei die Oberfläche nicht berühren.

3

3 Oberfläche des Sterns mit Haftmittel bestreichen und mit Teelöffel oder kleinem Spatel etwas blaues Email ins Sieb geben. Dabei das Sieb über ein Blatt Papier halten, um das durchfallende Email aufzufangen.

4

4 Im Abstand von etwa 7–10 cm das Sieb über den Stern halten und leicht daran klopfen, damit die Metallfläche gleichmäßig bedeckt wird. An den Rändern lieber etwas mehr aufstreuen, da das Email sich dort leicht zurückzieht. Mit dem Dorn das kleine Loch freistechen. Stern vorsichtig auf den Brennrost heben und mit der langen Brenngabel hochheben.

MODELLE

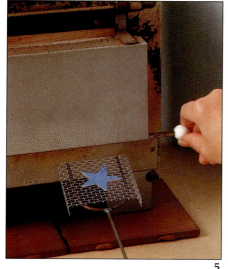

5 Stern zum Brennen in den Ofen schieben. Ich habe ihn auf 850 °C aufgeheizt. Die Brennzeit betrug 50–60 Sekunden. Bei den ersten Probebränden können Sie die Tür offen lassen und dem Email beim Schmelzen zusehen. Es dauert zwar etwas länger, dafür können Sie aber beobachten, wie sich Emails im Ofen verhalten.

6 Stern mit der Brenngabel aus dem Ofen ziehen und auf der Kachel vor dem Ofen abkühlen lassen. Den abgekühlten Stern auf den Ständer legen, und die Sternspitzen mit etwas Haftmittel bepinseln.

7 Weißes Email über die bepinselten Stellen sieben. Es macht nichts, wenn etwas auf die trockene Fläche fällt. Falls es zuviel ist, vorsichtig wegblasen.

8 Stern erneut brennen, aus dem Ofen ziehen und abkühlen lassen. Rückseite mit Wasserschleifpapier reinigen, Ränder mit der flachen Feile schleifen.

9 Ring durch das Loch ziehen und zusammendrücken. Leder durchziehen und verknoten.

MODELLE

Kupferohrringe

Bei diesem Modell verwenden wir eine Grundierung für die transparente Farbe, einen sogenannten Fondant, und ein Gegenemail, wie auf Seite 27 beschrieben. Gegenemaillieren empfiehlt sich besonders für Ohrhänger, die man ja von beiden Seiten sieht.

Sie brauchen
Ohrringplatinen aus Kupfer
Ständer
Pinsel
Haftmittel
Sieb oder Streuer
Fondantpulver (hart)
 – geschlämmt und getrocknet
Brennrost
Brenngabel
Wasserschleifpapier
kirschrotes Emailpulver
 – geschlämmt und getrocknet
flachen Feilnagel
Ringösen
Ohrringhaken

Schablone

1

4

1 Kupferformen zum Emaillieren vorbereiten, auf den Ständer legen und die Vorderseite mit Haftmittel bestreichen.

4 In den auf 850–900 °C vorgeheizten Ofen heben und brennen, bis die Oberfläche wie die einer Orangenschale aussieht (s. S. 26).

2

5

2 Den Fondant möglichst gleichmäßig mit dem Streuer auf beide Teile auftragen.

3 Teile vorsichtig zum Brennen auf den Brennrost legen.

5 Aus dem Ofen holen und abkühlen lassen.

MODELLE

6 Schwarze Oxide von der Rückseite entfernen und mit Wasserschleifpapier schmirgeln.

7 Ohrringe mit der Kupferseite nach oben auf den Ständer legen und Oberseite mit Haftmittel bepinseln. Eine Fondantschicht auf beide Ringe sieben. Das ist die Gegenemailschicht. Ständer auf den Kopf stellen und einen Ohrring so darauf plazieren, daß nur Randpunkte des Ohrrings aufliegen. Jeden Ohrring einzeln brennen, bis das Email glatt verlaufen ist. Abkühlen lassen und dann etwas Haftmittel auf die Vorderseiten der Ohrringe pinseln.

8 Kirschrotes Email auf die Ringe sieben und einzeln bei etwa 820 °C brennen oder bei etwas geringerer Temperatur als den Fondant.

9 Abkühlen lassen, dann die Ränder des Kupfers mit dem Wasserschleifpapier schmirgeln, ohne dabei das Email anzukratzen. Falls kleine Teilchen von Email über den Rand geschmolzen sind, mit Feilnagel behutsam entfernen und dann mit Wasserschleifpapier schmirgeln.

10 Haken durch die Ohrringösen ziehen und mit der Zange in Form biegen.

MODELLE

Ohrringe mit aufgemaltem Dekor

Diese Ohrringe sind gegenemailliert und mit Emailfarbe bemalt. Ich habe ein schlichtes Grün verwendet, man kann aber auch verschiedene Farben nehmen, die sich alle in einem Arbeitsgang einbrennen lassen. Statt der Ohrstecker kommen als Halterung auch Klipps in Frage.

Sie brauchen
Kupferplatte, 10 × 10 cm, etwa 0,6 mm dick
Beize
Wasserschleifpapier
fertig gekaufte Kupferovale
Pauspapier
Bleistift
Schere
Sprühkleber oder Klebestift
Blechschere oder Bogensäge
Sandsäckchen oder gefaltetes Geschirrtuch
kleine Flachfeile
Handbohrer
Haftmittel
Pinsel
weißes Emailpulver (hart)
  – geschlämmt und getrocknet
Brennrost
Brenngabel
Glasbürste
weißes Emailpulver (mittel)
  – geschlämmt und getrocknet
Karborundfeile
eine Tube Emailfarbe
kleine Glasplatte
Ringösen
Kontaktkleber
Ohrringbeschläge und -verschlüsse

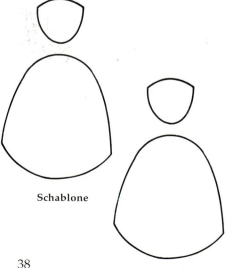

Schablone

1

1 Kupferplatte bei 800 °C ein bis zwei Minuten im Brennofen glühen, um etwaige Fettflecke abzubrennen und das Schneiden leichter zu machen. Danach beizen, abspülen und mit Wasserschleifpapier schmirgeln. Mit den ovalen Teilen ebenso verfahren.

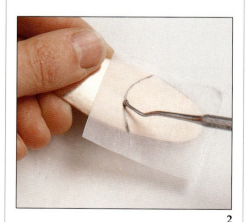

2

2 Schablonen für untere Ohrringteile auf die Ovale kleben. Bleistiftlinie auf das Kupfer durchdrücken. Schablonen für die oberen Teile die Kupferplatte kleben.

3 Die Ovale entlang der Linie mit Blechschere oder Bogensäge zuschneiden.

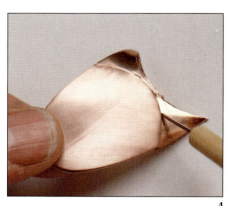

4

4 Auf den Restteil jedes Kupferovals das zweite untere Ohrringteil anzeichnen und mit Blechschere zuschneiden.

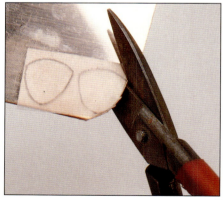

5

5 Die beiden oberen Teile der Ohrgehänge aus der Kupferplatte ausschneiden.

MODELLE

6 Die Ohrringe formen. Dazu jedes der vier ausgeschnittenen Teile auf Sandsäckchen oder gefaltetes Tuch legen und mit dem Daumen fest auf die Mitte drücken, bis die gewünschte Form erreicht ist.

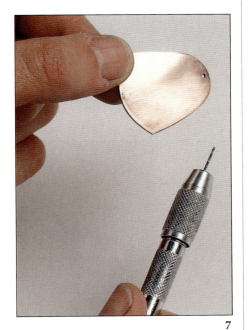

7 Die Kupferkanten mit einer kleinen Feile glätten. In die oberen Teile an der Unterkante und in die unteren Teile an der Oberkante kleine Löcher bohren.

8 Alle Teile säubern und zum Emaillieren vorbereiten, dann alle Unterseiten mit Haftmittel bepinseln. Das harte weiße Email darauf sieben. Alle Teile auf den Brennrost legen und im Ofen bis zum »Orangenschalen«-Stadium brennen.

9 Das Kupferstück auf den Vorderseiten mit Wasserschleifpapier schmirgeln, danach mit der Glasbürste bearbeiten. Trocknen lassen und gleichmäßig mit Haftmittel bepinseln. Dann eine Schicht hartes weißes Email darauf sieben. Jedes Teil so zwischen den Ständerbeinen plazieren, daß die emaillierten Rückseiten freiliegen; nur so hinterläßt der Ständer an den Kontaktstellen keine Spuren. Jedes Teil muß einzeln gebrannt werden, wenn nicht alles auf einen Ständer paßt. (Ich lege meist meine Ständer auf den Brennrost und hebe alles zusammen mit einer langen Brenngabel in den Ofen, weil es so besseren Halt findet.)

10 Teile aus dem Ofen holen und abkühlen lassen. Alle Vorderseiten mit Haftmittel überziehen, eine Schicht mittleres weißes Email aufsieben und erneut brennen. Aus dem Ofen holen und abkühlen lassen.

11 Die Emailfläche behutsam mit der Karborundfeile glätten. Wenn sie flach ist, die Karborundspuren mit Wasserschleifpapier unter fließendem Wasser wegschmirgeln.

MODELLE

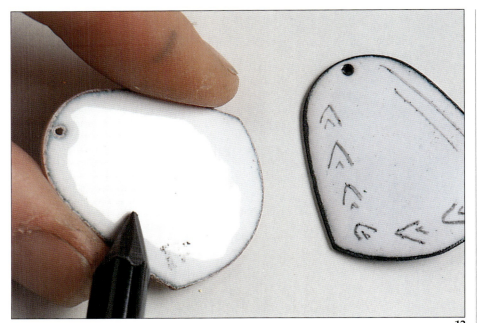

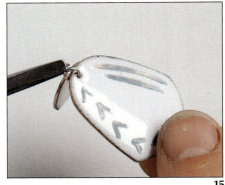

15 Alle Kanten mit einer kleinen Flachfeile glätten, ohne das Email versehentlich anzukratzen. Verbinden Sie die oberen und unteren Teile jeweils durch Ringe.

12 Mit einem weichen Bleistift ein Muster auf das Email zeichnen; das ist leichter, als direkt mit Emailfarbe zu malen. Fehler kann man abwaschen (Radieren würde Flecken hinterlassen). Das Stück vor erneutem Aufzeichnen trocknen lassen. Teile brennen, bis sie wieder glänzen. Bleistiftstriche bleiben erhalten.

14 Alle Teile auf die Brennständer legen und Farbe trocknen lassen. Metallteile vor die Ofenöffnung halten. Solange Dampf aufsteigt, ist die Farbe noch nicht brennbereit. Wenn die Farbe ganz trocken ist, bei gleicher Temperatur wie das mittlere weiße Email brennen. Das dauert vermutlich weniger als eine Minute, aber das weiße Email muß wieder glänzen. Herausholen und abkühlen lassen.

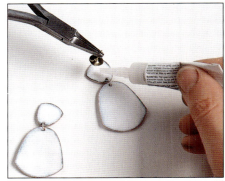

16 Mit Kontaktkleber die Stecker auf die Rückseiten kleben.

13 Etwas Email aus der Tube auf das Glasstück drücken, mit feinem Pinsel etwas Farbe aufnehmen und Bleistiftlinien übermalen. Nicht zu dick auftragen, sonst wird das Stück eher matt.

Anhänger mit Kupferdrahtverzierung

Für dieses Modell wird Kupferdraht als Cloisonné verwendet, um zwei Farben voneinander zu trennen. Wie bei allen Modellen im Buch sollen meine Farben nur als Anregung dienen. Wollen Sie andere Farben verwenden, empfehle ich allerdings eine einfache Probe, wie auf S. 32 beschrieben, um Farben und Brenntemperaturen zu testen. Ich habe transparente Farben genommen, da sie besser mit Kupfer verschmelzen als opake Emails. Opake Emails müssen meist länger brennen, wodurch sich eine Oxidschicht auf dem Kupferdraht bildet. Nach dem Abkühlen blättert diese ab, und der Draht könnte sich mangels Adhäsionskraft ablösen.

Sie brauchen

Kupferplatte, 10 x 10 cm, etwa 0,6 mm dick
Beize
Wasserschleifpapier
gekaufte Kupferovale
Pauspapier
Bleistift
Schere
Sprühkleber oder Klebestift
Blechschere oder Bogensäge
kleine Flachfeile
Sandsäckchen oder gefaltetes Geschirrtuch
Holzkegel
Hammer
Handbohrer
Wasserschleifpapier
Glasbürste
Haftmittel
Pinsel
Kupferfondant (hart) – geschlämmt und getrocknet
Sieb oder Streuer
Brennrost
Brenngabel
Rundzange
30 cm Kupferdraht, 0,8 mm dick
Ständer
transparentes »jaguargrünes« Email – geschlämmt und getrocknet
transparentes Bronzeemail – geschlämmt und getrocknet
Ringösen
Lederriemen

Schablone

1 Kupfer fürs Emaillieren vorbereiten, Kreis von der Schablone für den oberen Teil des Anhängers durchpausen und die Form mit der Blechschere ausschneiden. Das geht leichter, wenn Sie das Pauspapier mit 1 cm »Saumzugabe« auf die Kupferplatte kleben.

2 Kanten des Kreises mit Feile glätten.

3 Kreis auf Sandsäckchen legen. Holzkegel in Kreismitte ansetzen und mit dem Hammer auf das Ende des Kegels schlagen. Dabei für eine Schalenform die Kegelwölbung kreisförmig bewegen. Wenn Sie keinen Holzkegel haben, wölben Sie das Kupfer mit dem Daumen. Nach dem Glühen ist es dafür weich genug.

MODELLE

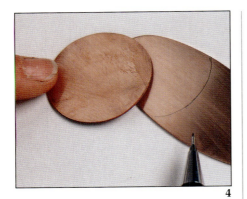

4 Von der Schablone den unteren Anhängerteil auf eine ovale Form abzeichnen. Kreis bis zur Markierung auflegen und die Form auf das Kupferoval darunter zeichnen. Mit der Blechschere ausschneiden.

5 Für die Ösen, die die Teile miteinander verbinden sollen, bohren Sie entsprechend Löcher in Ober- und Unterteile.

6 Kupfer durch Bearbeiten mit Wasserschleifpapier und Glasbürste zum Emaillieren vorbereiten.

7 Rückseiten beider Teile mit Haftmittel überziehen und den harten Kupferfondant aufsieben. Teile auf den Rost legen und bei mindestens 850 °C bis zum »Orangenschalen«-Stadium brennen.

8 Abkühlen lassen, dann Vorderseiten für die Fondantbeschichtung säubern. Beide Teile so auf die Ständer legen, daß die emaillierten Flächen freiliegen.

9 Vorderseiten mit Haftmittel überziehen, Fondant aufsieben und fast glattbrennen.

10 Mit der Rundzange den Kupferdraht in die Form des Dekors biegen. Zum Überprüfen die Drähte immer wieder auf die Schablone legen. Zum Schluß den Draht für die beiden Verbindungsösen und die Aufhängeöse rund biegen. Später, nach dem Verbinden der Einzelkomponenten, die Ösen mit Zeigefinger und Daumen etwas flachdrücken.

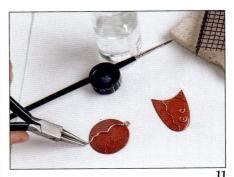

11 Die Drähte auf den Anhänger legen, mit Haftmittel fixieren, dann beide Teile auf die Ständer legen. In den Ofen heben und brennen, bis die Drähte etwas in den Fondant sinken. Herausholen und abkühlen lassen. Falls die Drähte oxidieren, Teile unter fließendes Wasser halten und mit Glasbürste abreiben. Eventuell herausragende Drahtteile behutsam hineindrücken. Beim nächsten Brennvorgang backen sie fest.

MODELLE

12 Den Teil, der grün werden soll, mit Haftmittel bestreichen und mit grünem Email bestreuen. Falls grüne Stäubchen auf den anderen Teil oder auf den Draht fallen sollten, mit feuchtem Pinsel sanft entfernen.

13 Grünes Email brennen, aus dem Ofen heben und abkühlen lassen. Die in Bronze zu emaillierenden Flächen mit Haftmittel bestreichen und Bronzeemail aufsieben, überschüssiges Pulver entfernen. Email schön glattbrennen.

14 Beide Teile mit den Ösen verbinden, und eine weitere Öse durch die Kupferdrahtöse des runden Teils schieben. Lederriemen durchziehen und hinten verknoten.

Schälchen

Dieses Schälchen ist leichter zu emaillieren, als man denkt. Sie können Kupferschalen im Bastelladen kaufen, doch bedenken Sie die Größe Ihres Brennofens, so daß die Schale nicht die Seiten berührt. Das Muster erhält man, indem man den Umriß für jede Farbe einzeln mit Bleistift zeichnet, zwischen die Linien Haftmittel streicht und dann das farbige Email darübersiebt. Das transparente Email wird über das weiße gebrannt, das man statt eines klaren Fondants als Basis für transparente Emails nehmen kann. Für dieses Modell sollten Sie eine Keramikkachel auf den Boden des Ofens legen. Bei solch großen Stücken verstreut man leicht etwas Email, und man sollte den Ofen möglichst sauber halten.

Sie brauchen

Kupferschälchen
Haftmittel
Pinsel
weißes Emailpulver (hart)
 – geschlämmt und getrocknet
Sieb oder Streuer
Petrischalen
Ofenkachel
Brennrost
Brenngabel
transparentes »jaguargrünes« Email
 – geschlämmt und getrocknet
weißes Emailpulver (mittel)
 – geschlämmt und getrocknet
kleine Stückchen transparentes Goldemail – geschlämmt und getrocknet
Pinzette
Dorn
Diagrit, mittlere Stärke (Diamantschleifkissen)
Wasserschleifpapier
Bleistift
transparentes blaßrosa Email
 – geschlämmt und getrocknet
Flachfeile

1 Kupferschale säubern und zum Emaillieren vorbereiten. Schale innen großzügig mit Haftmittel bestreichen, dann in der Hand halten und das harte Weiß gleichmäßig aufstreuen. Leichter geht es, wenn man die Schale schräg zu sich hin hält. So bestreut man zuerst den Rand, dann den Schalenboden. Überschüssiges Email in eine Petrischale schütten.

2 Schale auf Brennrost legen, mit Brenngabel in den Ofen heben. Da sie größer ist als die bisherigen Werkstücke, braucht sie auch eine längere Brennzeit. Behalten Sie sie im Auge, und holen Sie sie heraus, sobald das Email glatt verläuft. Abkühlen lassen. Schwarze Oxide von der Schalenunterseite entfernen und trocknen.

3 Schale mit der Öffnung nach unten auf den Brennrost legen, Seitenwand mit Haftmittel bestreichen, Mitte frei lassen und grünes Email großzügig aufsieben. Überschüssiges Email, das in die Mitte fällt, abbürsten.

MODELLE

4 Vorsichtig die Schale auf den Brennrost legen und in den Ofen heben. Brennen bis zum »Orangenschalen«-Stadium, dann herausholen und abkühlen lassen. Oxide vom Schalenboden entfernen. Schale umdrehen und die ganze Innenseite mit Haftmittel bepinseln. Zweite weiße Schicht aufsieben, diesmal mittleres Weiß. Die Schale wieder auf den Rost stellen.

5 Elf kleine, etwa gleich große Stückchen transparentes Goldemail in etwas Haftmittel stippen. Mit der Pinzette in gleichmäßigen Abständen am oberen Rand und am Boden der Schüssel positionieren.

6 Falls nötig, mit dem Dorn oder einem anderen Werkzeug festdrücken, ohne jedoch das aufgesiebte Weiß aufzuwirbeln. Schale in den Ofen heben und brennen, bis das weiße Email glatt ist. Herausholen und abkühlen lassen. Unebenheiten im Schaleninneren zuerst mit Diagrit unter fließendem kaltem Wasser bearbeiten, dann mit Wasserschleifpapier, da Diagrit tiefe Kratzer im Email hinterläßt, die beim nächsten Brand nicht ganz verschwinden. Vor dem nächsten Schritt Schale erneut brennen.

7 Mit einem Bleistift die Flächen markieren, die Sie grün emaillieren wollen, mit Haftmittel bestreichen und etwas Grün aufsieben. Überschüssiges vorsichtig wegblasen.

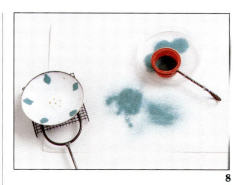

8 Weiter mit Haftmittel überziehen und sieben, bis alle grünen Flächen auf der Schale bedeckt sind. Das Grün glattbrennen, aus dem Ofen holen und abkühlen lassen.

9 Mit einem Bleistift die Flächen markieren, die Sie rosa emaillieren wollen. Jede Form innen mit Haftmittel überziehen und Email auftragen wie in Punkt 7 beschrieben.

MODELLE

10 Schale auf den Rost stellen, in den Ofen heben und glattbrennen. Herausholen und in Ofennähe langsam abkühlen lassen.

11 Schalenunterseite mit Wasserschleifpapier schmirgeln, dann die Außenkante glänzend reiben oder feilen.

MODELLE

Untersetzer

Für diese Untersetzer bedienen wir uns der Sgraffito-Technik. Sie können die Kupferscheiben fertig kaufen oder sie selbst zuschneiden. In letzterem Fall müssen Sie die Kupferplatte zunächst glühen. Feilen Sie dann die Kanten glatt. Die Untersetzer sind gegenemailliert. Das ist notwendig, damit sie flach bleiben. Ich habe nur die Herstellung von einem beschrieben – nehmen Sie für ein Set einfach jedesmal eine andere Farbe.

Sie brauchen
Kupferscheiben von 6–7 cm Durchmesser
Flachfeile
Wasserschleifpapier
Glasbürste
Großer Ständer
Haftmittel
Pinsel
opake Pulveremails in sechs verschiedenen Farben
  – geschlämmt und getrocknet
Sieb oder Streuer
Brenngabel
Dorn
Karborundfeile

1 Bereiten Sie die Scheiben mit Wasserschleifpapier und Glasbürste fürs Emaillieren vor.

2 Scheibe auf den Ständer legen und mit reichlich Haftmittel bestreichen.

3 Zuerst gegenemaillieren. Ich habe für alle Untersetzer ein schwarzes Email genommen, aber Sie können für Gegenemail und Vorderseite auch dieselbe Farbe nehmen. Streuen Sie eine dichte Emailschicht auf, so daß keine blanke Kupferstelle an den Rändern frei bleibt.

MODELLE

4 Den Untersetzer in den Ofen heben, dabei möglichst kein Email verstreuen. Bis zum »Orangenschalen«-Stadium schmelzen lassen, dann herausnehmen und langsam abkühlen lassen.

5 Oberseite zuerst mit Wasserschleifpapier trocken und naß schmirgeln, dann mit einer Glasbürste.

6 Oberseite mit Haftmittel bepinseln und eine dichte Schicht opakes Email aufsieben. Im Ofen brennen, bis es glatt verläuft. Herausnehmen und abkühlen lassen.

7 Eine dünne Schicht gelbes Email auftragen, dabei mehr in die Mitte streuen, zum Rand hin sparsamer werden.

8 Ziehen Sie von der Mitte ausgehend mit dem Dorn eine Spirale, die ungleichmäßig aussehen darf.

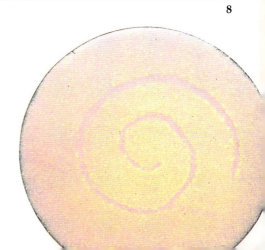

MODELLE

10 Untersetzer glattbrennen. Herausnehmen und in Ofennähe abkühlen lassen.

9 Wenn Sie einen breiteren Strich wünschen, ziehen Sie einen angefeuchteten Pinsel durch die Furche. Kleine Erhebungen abtragen.

11 Kante sorgfältig mit einer Karborundfeile glätten. Ebenso mit den anderen Untersetzern verfahren.

MODELLE

Hausnummernschild

Für dieses Schild fertigen wir eine Schablone an. Ich habe ein fertiges weißes Emailschild gekauft. Achten Sie darauf, daß Ihr Schild auch in den Ofen paßt. Bei mir paßte das 12,5 x 7,5 cm große Schild diagonal in den Ofen. Für eine zweistellige Hausnummer können Sie auch zwei quadratische Schilder von 7,5 x 7,5 cm nehmen. Nehmen Sie hartes Weiß für die Emailgrundierung, und befolgen Sie die Anleitung für den Untersetzer bis inklusive Schritt 6. Für eine vollkommen glatte Fläche scheuern Sie das weiße Email mit Diagrit, einer Karborundfeile und Wasserschleifpapier mit Körnung 240. Schilder erneut brennen, bis sie wieder glänzen.

Sie brauchen
ein fertig gekauftes ovales Emailschild
Schablonenpapier
Bleistift
Cutter oder Skalpell
Schneidunterlage
Schere
Lineal
Stahlwinkel
Wasserschleifpapier
Haftmittel
Pinsel
saphirblaues Emailpulver
  – geschlämmt und getrocknet
Sieb oder Streuer
einen großen Ständer
Brenngabel
Karborundfeile
Spatel
kleine Glasplatte
rotes Emailpulver
blaues Emailpulver
Lavendelöl
Emailfarben in Tuben (statt Pulver)

1 Skizzieren Sie Ihre Hausnummer, oder besorgen Sie sich geeignete Vorlagen für die Ziffern. Pausen Sie das Muster durch, um eine Schablone anzufertigen.

2 Schneiden Sie auf einer Schneidunterlage mit einem Cutter die Ziffern aus dem Schablonenpapier. Markieren Sie auch die waagerechte und senkrechte Mittellinie darauf.

3 Schmirgeln Sie das Schild schön sauber. Es ist leichter, das Muster auf einer etwas matteren Fläche zu markieren.

MODELLE

4 Mittellinien mit Bleistift dünn aufzeichnen und das Randmuster skizzieren.

5 Den Ziffernbereich mit Haftmittel bepinseln. Die Schablone paßgenau über die Mittellinien halten und behutsam auf das Schild legen.

6 Das blaue Email über die Schablone auf das Schild sieben.

7 Schablone vorsichtig abnehmen.

8 Mit einem feuchten Pinsel das Schild von überschüssigem Email säubern. Ziffernränder glätten. Schild auf großen Ständer legen und vorsichtig in den Ofen heben. Email brennt an der Ofenrückseite schneller als vorn; drehen Sie das Schild daher zwischendurch um, so daß beide Seiten gleichmäßig brennen. Ofentür dafür halb öffnen, Schild mit Ständer herausheben und sofort auf der Kachel vor dem Ofen abstellen. Zügig mit der Brenngabel umdrehen und zum Weiterbrennen wieder in den Ofen heben.

MODELLE

9 Wenn das Email glatt ist, das Schild aus dem Ofen nehmen und abkühlen lassen. Unebenheiten auf den Ziffern unter fließendem Wasser mit einer Karborundfeile und Wasserschleifpapier abscheuern.

10 Setzen Sie je ein kleines Häufchen rotes und blaues Emailpulver auf die Glasplatte und tropfen neben jedes ein, zwei Tropfen Lavendelöl. Mit einem kleinen Spatel das Öl nach und nach ins Pulver ziehen, dabei hart auf die Platte drücken, damit es sich gut vermischt. Der Duft bleibt tagelang im Raum erhalten! Die Mischung sollte weich und cremig und nicht zu dünn sein, sonst verschwindet sie beim Brennen; ist sie zu dick, wird die Farbe matt.

11 Mit einem feinen Pinsel das Randdekor aufmalen. Etwa eine Stunde lang am Ofen zum Trocknen liegenlassen. Vor dem Brennen überprüfen, ob die Farbe trocken ist, indem man das Schild an die Ofenöffnung hält und auf Verdunstung achtet.

12 Brennen, bis aufgemaltes Email glänzt. Schild drehen, falls erforderlich, dann herausnehmen und langsam abkühlen lassen.

4 Emailliertechniken

EMAILLIERTECHNIKEN

Email kann man auf vielfältige Weise verwenden. Bisher haben wir nur trockene Emails auf Kupfer gesiebt. Beim nächsten Modell wird zum ersten Mal Naßemail aufgetragen. Die Emailtechniken haben fast alle eine französische Bezeichnung, die genau beschreibt, wie das Email auf das Metall gebracht wird. In dem hieran anschließenden Kapitel »Modelle« üben wir die nachfolgend aufgeführten Techniken für Fortgeschrittene.

EMAIL EN RONDE BOSSE (Körperemail)

Legt man Email direkt auf ein dreidimensionales Stück, wo es weder durch Zellen noch durch Gruben im Metall gehalten wird, nennt man es Körperemail. Ein gutes Beispiel ist die Silberkette, bei der Email auf geformtes und gehämmertes Silber gelegt wird. Andere Emailliertechniken kann man mit dieser kombinieren, die Schicht darunter kann graviert oder strukturiert sein, um das Email hervorzuheben. Cloisonnédrähte dienen der Unterteilung oder werden in das Bild oder Dekor mit einbezogen.

CHAMPLEVÉ (Grubenemail)

Das französische Wort bedeutet »ausgehobenes Feld« und aufs Emaillieren übertragen bedeutet es, daß das Email in eine Vertiefung im Metall gelegt und schichtweise aufgebaut wird, bis es auf gleicher Höhe wie das umgebende Metall ist. Die Vertiefungen lassen sich auf verschiedene Art und Weise herstellen. Am besten »meißelt« man die zu emaillierende Fläche mit Gravierwerkzeugen heraus, die speziell für das Schneiden dünner Linien geeignet sind, dann weitet man diese aus und glättet die Innenränder. Beim Gravieren überläßt man das Email nicht dem Zufall wie beim Löten oder Ätzen. Die Grundfläche kann man so gravieren, daß sie zu einer wunderbar reflektierenden Basis für weitere Emailschichten wird. Da diese Technik jedoch langjährige Erfahrung und ein hohes Maß an Geschicklichkeit verlangt, erzielen Sie ähnliche Effekte besser mit anderen Methoden.

Broschen mit Eichelhäher- und Waldschnepfenflügeln: Champlevé- und Basse-Taille-Technik auf Silber.
JANE SHORT

Champlevé-Email, Silber und 18karätiges Gold. SARAH LETTS

Löten

Ein Stück Silber oder Kupfer mit einem Lochmuster kann man auf ein anderes Stück Silber löten und die so entstandenen freien Felder nach Belieben mit Email füllen. Das untere Silberstück sollte etwa doppelt so dick wie das aufgelötete sein, das seinerseits etwa so dick sein sollte wie die gewünschte aufzutragende Emailschicht. Für Letztere schlage ich eine Dicke von nicht mehr als 0,5 mm vor, möglichst noch etwas weniger, damit die silberne Basisschicht durchschimmern kann. Man kann, muß aber nicht unbedingt Emaillierlot verwenden, denn dieses muß bis nahe dem Silberschmelzpunkt erhitzt werden, was zu Blauflecken führen kann. Aus diesem Grund bevorzuge ich Hartlot. Auf jeden Fall müssen jegliche Lotspuren von den zu emaillierenden Flächen entfernt werden, sonst werden sie im Ofen schwarz und die Qualität der transparenten Emails leidet: Sie werden trübe und matt.

Silberne, emaillierte Schale mit Erdbeeren (weißes Email und 18karätiges Goldemail).
GERALD BENNEY

EMAILLIERTECHNIKEN

Champlevé-Brosche auf fotogeätztem Silber. GUDDE JANE SKYRME

Ätzen

Ätzen ist eine ausgezeichnete Methode, um Emailflächen aus Silber und Kupfer herauszuhöhlen. Das Hauptproblem dabei ist, daß sich das Ätzmittel nicht nur nach unten, sondern auch zur Seite hin ausbreitet.

Wie Sie bei der Beschreibung des Champlevé-Anhängers (S. 74) sehen können, werden die Umrisse auf das Silber gezeichnet, und Ätzlack wird auf den Stellen aufgetragen, die vor dem Ätzen geschützt werden sollen. Der Lack muß auf absolut sauberes Metall aufgetragen werden, da er sich im Säurebad von schmutzigen oder fettigen Stellen lösen kann. Damit wäre das Metallstück verdorben.

Wenn Sie ein Stück ätzen, sollte man die endgültige Form erst hinterher ausschneiden. Das verhindert, daß Ätzflüssigkeit durch die Lackränder sickert und den sorgfältig geschnittenen Rand des Werkstücks verdirbt. Der Lack sollte völlig trocken sein, bevor man ihn in die Ätzlösung legt; wenn er sich noch klebrig anfühlt, muß er länger trocknen. Allgemein gilt: Je langsamer man ätzt, desto besser ist das Resultat, da sich ausgefranste Kanten nicht zum Emaillieren eignen.

Ätzflüssigkeit bekommt man im Bastelladen, oder man mischt Wasser mit Salpetersäure im Verhältnis 3:1 bis 8:1. Je stärker die Säure verdünnt ist, umso länger die Ätzdauer. Für eine Ätzung, die sich für Kupfer eignet und ein paar Tage dauert, nimmt man 7,5 Teile Wasser auf einen Teil Eisenchlorid.

Während das Stück geätzt wird, streichen Sie mit einer Feder sanft über die zu ätzende Fläche. Das trägt bereits geätztes Metall ab und legt die nächste Schicht frei. Dabei sollten langsam Blasen aufsteigen. Wenn es sprudelt, ist die Lösung zu stark. Dann fügen Sie vorsichtig ein bis zwei weitere Teile Wasser hinzu. Den Ätzeffekt können Sie prüfen, indem Sie mit dem Dorn nach einer erkennbaren Kante tasten. Ist die Ätzung 0,3–0,4 mm tief, nehmen Sie das Stück heraus und entfernen den Ätzlack mit Terpentin. Das Silber oder Kupfer kann jetzt emailliert werden.

Fotoätzen

Fotoätzen kommt generell nur dann in Frage, wenn man mehrere Teile vorbereiten möchte, um gleichzeitig – also auch jeweils gleichviel – etwas aus ihnen herauszuätzen. Es ist eine Präzisionsarbeit, bei der man eine genaue Tiefe erreicht, und es gibt weniger Probleme mit ausgefransten Linien. Es ist jedoch ein industrielles Verfahren und in einer kleinen Werkstatt meist nicht durchführbar. Wenn Sie meinen, daß es für Ihre Arbeit von Nutzen ist, suchen Sie sich eine Firma in der Nähe, die sich darauf spezialisiert hat.

Sterlingsilber, fotogeätzt. Brosche mit transparentem Email und feinen Silbercloisonnédrähten. JESSICA TURRELL

Verwendung von Gußstücken für Champlevé Die meisten Emailleure werden Sie davor warnen, denn Gußstücke können viele Verunreinigungen enthalten, die beim Emaillieren große Probleme verursachen. Viel hängt von der Qualität der Gußstücke ab. Manche Firmen verwenden dafür auf Wunsch Britanniasilber. Das ist teuer, kann sich aber unter Umständen bezahlt machen.

Probieren Sie es einmal aus. Gußstücke haben meist schwarze Flecken, die Sie vor dem Emaillieren entfernen sollten (s. S. 30). Säurerückstände müssen durch Kochen der Gußstücke in Natriumlösung neutralisiert werden. Danach abspülen.

Wenn Ihre transparenten Emails nach dem Brennen trotz guter Vorbehandlung immer trübe sind, liegt das vermutlich an den Gußstücken und nicht am Email. Statt sich mit transparenten Emails abzumühen, nehmen Sie lieber opake. Vielleicht gelingen sie Ihnen besser.

CLOISONNÉ

Bei dieser Technik formt man Zellen oder »cloisons« aus dünnem Draht und füllt sie mit Email, so daß sie dicht an dicht liegen. Man nimmt sehr feinen Draht von etwa 0,3 mm Durchmesser und drückt ihn leicht flach. Auch rund sind die Drähte verwendbar, sie erscheinen allerdings im fertigen Stück dicker. Die Drähte stehen für Cloisonné aufrecht – d. h., die abgeflachten Seiten stehen hochkant, und das Email wird dagegen gelegt. Leichter ist es, eine Biegung in den Draht einzuarbeiten, damit er beim Brennen nicht umkippen kann. Die Drähte können auf den Metalluntergrund gelötet werden, aber wegen der daraus resultierenden Probleme beim Emaillieren, legt man besser zuerst eine Schicht aus transparentem Fondant auf und brennt sie glatt. Dann legt man die geformten Cloisonnédrähte auf den Fondant und fixiert sie eventuell mit etwas Haftmittel. Halten Sie das Bild oder Muster, nach dem Sie den Draht biegen, immer zum Vergleichen bereit. Biegen kann man die Drähte mit einer feinen Pinzette oder einer kleinen Rund- oder Flachzange. Mit der Schere abschneiden.

Sind alle Drähte an Ort und Stelle, wird das Stück wieder gebrannt, bis die Drähte eben am Fondant halten. Wenn sie zu tief

Gegossenes Gold, kombiniert mit Fensteremail. SARAH LETTS

Champlevé-Halskette, in Britanniasilber gegossen. JINKS McGRATH

einsinken, fließt der Fondant über die Seiten, was eine hellere Linie erzeugt, wenn das farbige Email darüber kommt. Dadurch kann ein Stück beim Schleifen verderben. Alle Drähte, die nicht am Fondant haften, können mit der Kante des Dorns hineingedrückt werden. Danach kann man die Farben in die Zellen legen. Jeweils Schicht für Schicht auflegen und brennen, bis das Email so hoch ist wie die Drähte.

Werkstück mit einer Karborundfeile unter fließendem kalten Wasser und danach mit Wasserschleifpapier bearbeiten. Dellen können neu gefüllt, gebrannt und gefeilt werden. Zum Schluß wird das Werkstück glanzgebrannt. Erliegen Sie nicht der Versuchung, das Email bereits abzufeilen, bevor es auf gleicher Höhe wie die Drähte ist. Solange die Drähte noch überstehen, können kleine Ablagerungen im Email entstehen, die sich kaum entfernen lassen. Wenn Sie das Email nicht in vielen Schichten aufbauen wollen, nehmen Sie feinere Cloisonnédrähte, die nicht so hochstehen und die mit zwei oder drei Schichten gefüllt werden können.

Wenn Sie eine sehr dünne Emailschicht brauchen, können Sie die Drähte mit Haftmittel direkt auf dem Metall fixieren. Transparente Emails kann man dann direkt in die Zellen legen und dadurch die Fondantschicht sparen, aber gehen Sie sicher, daß die gewählten Farben keine Fondantschicht brauchen.

OBEN Halskette mit Landschaftsmotiv. Cloisonnédrähte, Silber- und Goldemail und Korallenperlen. JOAN MACKARELL

UNTEN LINKS Mondohrringe mit handgefertigten feinen Silberperlen, Cloisonné-Email und Halb- und Vollmonddekor. ALEXANDRA RAPHAEL

UNTEN Silberemail-Broschen mit gepunztem Silberornament. SHEILA McDONALD

Galerie

1. Trinkbecher aus silbernem und gelbem Email.
TAMAR WINTER

2. Schale aus gesponnenem Silber und Email.
TAMAR WINTER

3. Sterlingsilber-Pfeffermühle: Champlevé und Cloisonné.
MAUREEN EDGAR

4. Dekorplatte mit Nautilusschnecke. Cloisonné- und Champlevé-Email auf Schiefer.
MAUREEN EDGAR

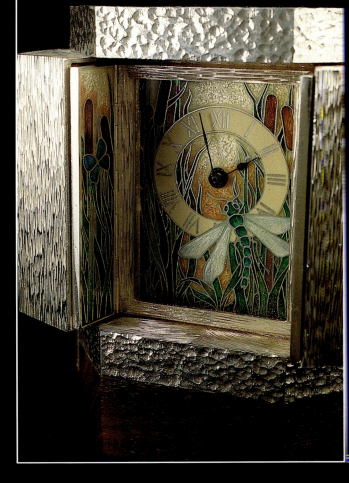
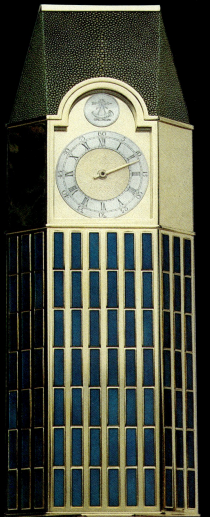

5. Pokal.
GERALD BENNEY

6. Libellenuhr.
PHIL BARNES

7. 60 cm hohe vergoldete Uhr. Blaues Email und grünes Chagrin.
GERALD BENNEY

8. Dominodöschen.
PHIL BARNES

FENSTEREMAIL (émail à jour)

Fensteremail wirkt wie Tiffanyglas; nur wenn Licht durchscheint, kommen die prächtigen Farben der Emails zur Geltung. Das Email wird in Draht- oder Metallzellen gefüllt, aber ohne den Metallhintergrund wie bei anderen Techniken.

Eine Form für Fensteremail kann man aus einem einzigen Metallstück stanzen oder aus Cloisonnédrähten innerhalb eines größeren Rahmens zusammensetzen. Es gibt mehrere Methoden, Fensteremail einzulegen, aber man muß wegen der tatsächlichen

Yin- und-Yang-Fensteremailpokale: Weibliches und Männliches, Wasser, Luft, Erde und Sonne. ALEXANDRA RAPHAEL

Struktur einiges beachten. Erstens ist Fensteremail nicht gut für spitze Winkel geeignet – Rundungen und abgerundete Enden sind viel besser. Außerdem läßt sich eine Fläche von mehr als 1 cm² kaum füllen, und die Dicke des Metalls sollte am Anfang nicht zu dünn sein, da das Stück durch Feilen und Schmirgeln sowieso noch dünner wird. Beim Feilen und Schmirgeln sollte man behutsam vorgehen und sehr wenig Druck auf das Stück ausüben, denn Fensteremail ist zerbrechlich und bekommt leicht Risse.

Kleine Stücke kann man auf eine saubere Muskovitplatte legen und falls nötig mit Vorsteckstiften fixieren. Das Muskovit löst sich leicht und bettet sich ins Email, aber darum braucht man sich nicht zu kümmern, man feilt es später ab. Beim letzten Glanzbrennen werden die Werkstücke so im Ständer plaziert, daß das Email das Metall des Ständers nicht berührt.

Kleine Stücke kann man direkt auf ein Stück Platin legen: Platin verbindet sich nicht mit Email und sondert keine Verschmutzungen ab. Dann verfährt man damit genauso wie mit Muskovit.

Eine weitere Technik besteht im Einlegen von Naßemail in die Zellen, ohne irgendeinen Halt außer der natürlichen Oberflächenspannung. Wenn Sie erst einmal heraushaben, wie Sie das Email mit dem Wasser über die Zellen ziehen, werden Sie merken, daß es ganz leicht hält. Dann muß das Stück so gestützt werden, daß nichts das Email beim Brennen berührt. Nach dem ersten Brand sollte das Email »zuckerig« aussehen – wenn es zu lange brennt, zieht es sich an die Zellenwände zurück. Die Zellen werden dann gefüllt und gebrannt, gerade lange genug, um das Email zu halten, bis es genauso hoch liegt wie das umgebende Metall. Dann werden beide Seiten des Emails mit Wasserschleifpapier geschmirgelt und poliert und zum Schluß glänzend gebrannt. Sollten die Emails beim Brennen zu einer Seite durchsinken, das Stück beim nächsten Brand umdrehen und aus dem Ofen nehmen, bevor die Emails wieder einsinken können. Löchlein und Risse lassen sich füllen und erneut brennen. Fangen Sie aber erst einmal an, ein Fensteremailstück zu überarbeiten, taucht ein Problem nach dem anderen auf. Es ist sehr schwierig, ein völlig makelloses Fensteremailstück zu finden.

Größere Stücke für Fensteremail – Schalen, Pokale usw. – erfordern eine andere Vorgehensweise, und zwar eine direkte Champlevé- und/oder Cloisonné-Technik.

Fensteremailschale aus 24karätigem Gold mit 28 Emailfarben. ALEXANDRA RAPHAEL

Drähte und Rahmen werden auf der Vorderseite mit Ätzlack geschützt, während der Metallhintergrund weggeätzt wird, um das Email freizulegen. Das erfordert einiges an Geschick, viel Zeit und Sorgfalt, aber es fördert einige herrliche Objekte zutage.

EMAIL DE BASSE TAILLE (Tiefschnittemail)

Das Interessanteste an einem Basse-Taille-Schmuckstück ist das, was unter dem Email liegt. Der Metalluntergrund wird graviert oder ziseliert, und das Muster bleibt durch transparentes Email hindurch erkennbar. Die Farbe

Basse-Taille-Brosche und -Ohrring. JANE SHORT

des Emails wird beeinflußt von den verschiedenen Tiefen der Linien im Muster. Je tiefer der Schnitt, desto dunkler erscheinen die Linien, wenn sie mit Email überzogen werden. Andere Muster können so zart gezeichnet werden, daß sie sich nur gerade eben durch das Email zeigen. Im Modell »Basse-Taille-Anhänger« (S. 78) wird ein Muster in den Untergrund geätzt, um das Basse-Taille-Prinzip zu demonstrieren. Andere Effekte für Untergrundmuster erzielt man maschinell. Doch das schönste Ergebnis im Basse Taille erzielt immer noch, wer sich geduldig die Kunstfertigkeit eines Graveurs aneignet.

MIT EMAIL MALEN

Mit Emailfarben wird auf eine bereits aufgebrannte Schicht opaken Emails gemalt. Diese könnte jede helle Farbe haben, ist aber traditionell weiß. Die opake Grundierung als Vorbereitung für die Emailfarben sanft mit feinem Wasserschleifpapier schmirgeln. Diese Emails werden sehr feingemahlen geliefert und lassen sich wie Farbe handhaben. Um sie gebrauchsfertig zu machen, rührt man das feine Pulver mit einem geeigneten Mittel an, z. B. Laven-

Halskette: gemalte Mohnblumen auf Silber. GILLIE HOYTE

delöl – man kann auch Wasser nehmen. Mit Ölbindung wird der Farbton kräftiger als mit Wasser.

Die meisten Emailmaleriobjekte sind ein kompliziertes Gebilde aus mehreren Farben und Schichten. Weiche Farben, die leicht ausbrennen, werden meist zum Schluß aufgetragen.

Man gibt eine winzige Menge Emailpulver auf eine saubere, glatte Glasplatte (etwa 10 x 10 cm groß) und dicht neben, aber nicht auf das Pulver das ätherische Öl. Mit einem flachen, flexiblen Spatel mischt man etwas von dem Öl mit dem Pulver und verarbeitet beides zu einer glatten, geschmeidigen Paste, weich genug zum Malen mit einem feinen Marderhaarpinsel.

Vor dem Brennen muß eine Emailmalerei auf Ölbasis völlig trocken sein. Diese Emails brauchen länger zum Trocknen als andere, brennen Sie sie also nicht zu früh. Lassen Sie die Arbeit entweder nahe beim oder auf dem Ofen etwa eine Stunde liegen. Wenn die Farbe trocken ist, sieht sie weißlich aus. Das Trocknen kann man beschleunigen, wenn man die Arbeit an die Öffnung des Ofens hält, um das Öl verdunsten zu lassen. Beobachten Sie die Arbeit beim Brennen, und nehmen Sie sie sofort heraus, wenn die Farbe glänzt. Emailfarben sollten bei gleicher Hitze wie die Grundierung brennen, nur kürzer. Brennen sie zu lange, verblassen sie rasch. Besser die einzelnen Schichten etwas zu kurz brennen und erst beim letzten Brand den Hochglanz abwarten. Gemalte Emailstücke sollten gegenemailliert werden, da sonst Risse in der Grundschicht entstehen können.

Sterlingsilberohrringe mit 18karätigem Gold und Email. TAMAR WINTER

EMAILLIERTECHNIKEN

Mit Emailfarben malt man meist Miniaturen oder Porträts; sie erfordern daher ein gewisses Maltalent. Details fügt man nach und nach hinzu, die Glanzlichter spart man bis zum letzten Brand auf. Zum Schluß bekommen die Emails ein oder zwei feine Aufglasurschichten, sowohl zum Schutz als auch wegen der plastischen Wirkung.

Andere Emailfarben

Weniger Aufwand verursacht die Emailmalerei, wenn man nur eine einzige Ornamentschicht auf den Farbuntergrund aufträgt, wie bei den Modellen »Hausnummernschild« (S. 50) und »Emaillierte Ringe« (S. 82). Man braucht dann auch keinen schützenden Fondantüberzug.

Malkasten Diese Emails gibt es fertig zu kaufen mit einem Malmittel in Blockform, das in einen Malkasten paßt. Man rührt sie mit einem nassen Pinsel an und trägt sie auf das Werkstück auf. Vor dem Brand sollte die Farbe völlig trocken sein. Gebrannt wird, bis die Oberfläche glänzt. Diese Farben nehmen die Eigenschaft des darunterliegenden Emails an – d. h. über einem transparenten Email erscheinen sie transparent, über einem opaken ebenfalls opak. Dieses Material hat nicht so einen satten Farbton wie Emailpulver.

Tubenemails Emails auf Öl- oder Wasserbasis sind auch gebrauchsfertig in Tuben erhältlich. Es ist

Ein Emailfarben-Malkasten.

OBEN Emailfarben in Tuben gibt es entweder auf Wasser- oder Ölbasis.

billiger, einzelne Tuben zu kaufen als gleich einen ganzen Malkasten. Farben auf Ölbasis halten länger als die auf Wasserbasis, weil sie nicht so leicht austrocknen. Dafür haben die Farben auf Wasserbasis die kürzeren Trocknungszeiten.

Grisaille-Email

Für diese Technik braucht man eine Grundierung aus schwarzem

Grisaille-Schale. ALEXANDRA RAPHAEL

EMAILLIERTECHNIKEN

Email. Eine sehr dünne weiße Emailschicht wird darübergepinselt und dann das Muster mit einer feinen Spitze durch das Weiß gezogen. Dann wird die Arbeit gebrannt, bis das Weiß zu glänzen beginnt. Das Bild wird in Schwarz- und Weißtönen aufgebaut. Das geschieht in aufeinanderfolgenden Bränden, was die ersten weißen Schichten mit Schwarz zu Grau verlaufen läßt, während weitere weiße Schichten als Glanzpunkte aufgelegt werden.

ANDERE TECHNIKEN

Konturieren

Mit feinen Linien kann man Konturen betonen oder Ornamente malen. Eine schlichte schwarze Linie auf einem opaken Email kann man mit einem feinen, weichen Bleistift zeichnen. Schmirgeln Sie zuerst das Email mit Wasserschleifpapier, dann ziehen Sie die Linien. Brennen Sie das Stück bei der gleichen Hitze wie das Email, nur kürzer. Sie können auch schwarze Konturflüssigkeit für Unter- oder Aufglasur nehmen. Es gibt sie in Flaschen, die man gründlich

Japanische Skizze. SANDRA McQUEEN

schütteln muß. Mit einem sehr feinen Marderhaarpinsel werden dünne Linien gezogen. Dicke Linien wirken nicht gut; wischen Sie sie weg, und versuchen Sie es noch einmal.

Unterglasur-Konturieren Malen Sie eine Unterglasurlinie direkt auf das Metall oder einen Fondantgrund. Lassen Sie die Glasur trocknen, bevor Sie transparentes Email auflegen. Unterglasuren gibt es in Bunt und Schwarz.

Aufglasur-Konturieren Ein Email sollte vollkommen fertig sein, bevor eine schwarze oder metallisch glänzende Aufglasurlinie aufgetragen wird – d. h., die Arbeit sollte bereits poliert und glanzgebrannt sein. Flasche gut schütteln, damit sich die Metallteilchen wieder gleichmäßig in der Flüssigkeit verteilen. Benutzen Sie einen sehr feinen Pinsel zum Malen des Musters. Lassen Sie die Flüssigkeit völlig trocknen, indem Sie sie einige Sekunden vor die offene Ofentür halten und dann in Ofennähe mindestens eine Stunde stehen lassen. Ein metallischer Glanz brennt sehr schnell – in etwa 30 Sekunden –, brennt er zu lange, wird er dunkel oder versinkt in der Untergrundfarbe. Brennt er zu kurz, kann man ihn mit dem Fingernagel abkratzen. Ist der Glanz zu dick aufgetragen, wirkt er leblos und hingekleckst, malen Sie daher eine möglichst dünne Linie.

Gesticheltes Bild. ELIZABETH TURRELL

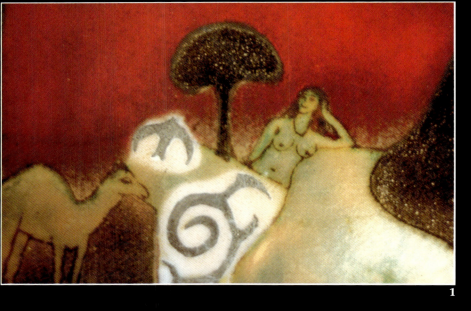

1. »Wüstentraum«: Kupferplatte mit Farbflächen, unter Verwendung von Pulveremail (mit Papierschablonen aufgetragen) und Silberfolie.
STEWART WRIGHT

2. Schildchen mit Doppelspiraldekor aus Email und Folie.

3. Cloisonné- und Basse-Taille-Broschen auf Silber.
JANE SHORT

4. Silber-Cloisonné: »festliche« Brosche.
JANE SHORT

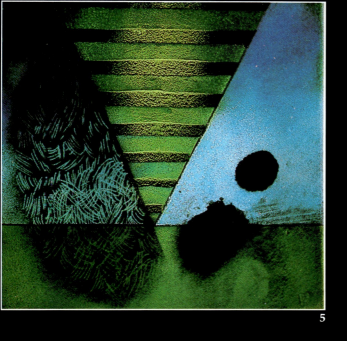
5

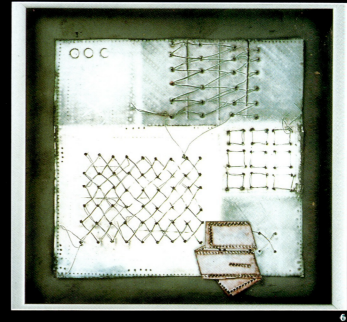
6

7

8

5. Grün-Blau-Bild.
PAT JOHNSON

6. Email auf gemusterten Folienstücken.
ELIZABETH TURRELL

7. Tafel mit grünem Bild.
PAT JOHNSON

8. Schwarz-Weiß-Blau-Tafel.
PAT JOHNSON

Folien (Blattgold und -silber)

Silber- und Goldfolien dienen manchmal als brillanter Untergrund für Email. Unter einer transparenten Farbe wirken die Folien etwas wellig, verleihen dem Werkstück aber eine edle Note. Man sollte sie allerdings sparsam verwenden, denn es wirkt aufdringlich, wenn die folienbedeckte Fläche zu groß ist.

Folien gibt es in sehr dünnen Blättern, die zwischen zwei Papierlagen aufbewahrt werden. Sie sind überaus empfindlich und sollten nicht mit den Fingern berührt werden. Beim Schneiden zeichnen Sie die Form auf eine Seite des Papiers und schneiden sie durch alle Lagen aus. Oberes Papier umschlagen, um die ausgeschnittene Folie freizulegen. Folie immer auf ein Fondantemail auflegen. Stelle mit Haftmittel einstreichen, Folie mit feiner Pinzette oder Pinsel (mit einem Tropfen Kleber an der Spitze) aufnehmen.

Kieseldöschen mit erhabenen Formen, unter Verwendung einer Mischung aus opaken und transparenten Emails. Goldfolie, mattiert.
JOAN MACKARRELL

Sterlingsilberbrosche mit Cloisonné-Email, gefaßt mit drei Diamanten.
MAUREEN EDGAR

Folie möglichst flach aufbringen und die Fläche mit einer ganz feinen Nadel durchpiksen, damit beim Brand die Luft entweichen kann. Müssen Sie ein größeres Folienstück perforieren, können Sie von einem Dutzend Stecknadeln die Köpfe abbrechen und die stumpfen Enden in einen Korken drücken. Prüfen Sie, ob alle Spitzen auf gleicher Höhe sind.

Die Folie wird auf das Email gebrannt, bis der Fondant sie festhält. Transparente Emails können direkt auf die Folie gelegt werden. Für Cloisonnédrähte müssen Sie eine dünne Schicht Fondant auf die Folie schmelzen, dann die Drähte auflegen und festbrennen.

Kupferfolie verhält sich ganz anders als Silber- oder Goldfolie und wird beim Modell »Kupferfolienohrringe« (S. 68) beschrieben.

Quantockwood. Kupferplatte, unter Verwendung gesiebter Pulveremails mit Papierschablonen. STEWART WRIGHT

5
Modelle

Kupferfolienohrringe

Bei diesem Modell mit Kupferfolie können Sie Ihrer Kreativität freien Lauf lassen. Die Folie ist leicht zu verarbeiten und nicht teuer; Sie können also unbeschwert experimentieren. Ich habe ein Flüssigfondant für das Gegenemail und den Fondant gewählt, aber Sie können beliebige andere Naßemails hierfür verwenden. Malen Sie nasse Emails dünn auf. Bei diesem Modell werden zum ersten Mal Naßemails verwendet. Vielleicht lesen Sie vorher noch einmal den entsprechenden Abschnitt auf Seite 24 durch.

Sie brauchen
Kupferfolie, etwa 15 × 7,5 cm
Beize
Pauspapier
Kugelschreiber
Schere
Glasbürste
Flüssigfondant
Pinsel
Pinzette
Muskovitplatte
Brennrost
Küchenkrepp
transparentes »jaguargrünes« Email – vorbereitet für Naßauftrag
transparentes maigrünes Email – vorbereitet für Naßauftrag
transparentes blaßgelbes Email – vorbereitet für Naßauftrag
Brenngabel
kleinen Feilnagel
Handbohrer
Ringösen
Ohrringhaken

Schablone

1 Kupferfolie glühen, beizen und säubern, damit sie formbar ist. Schablone auf Pauspapier übertragen und die Kupferfolie auf einen Stoß Papier oder eine weiche Unterlage legen.

3 Kupferfolie umdrehen und die Linien von der anderen Seite durchritzen. Dadurch entsteht eine Kante und die Struktur wirkt wie getrieben.

4 Blattform mit der Schere ausschneiden.

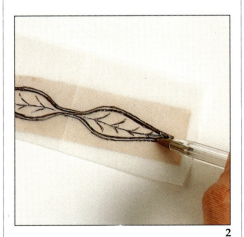

2 Pauspapier auf die Kupferfolie legen und die Konturen mit einem Kugelschreiber (am besten ist ein leerer) durchdrücken.

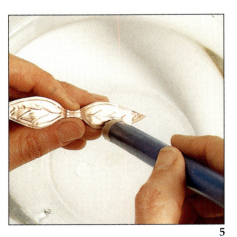

5 Kupfer durch Bearbeiten mit der Glasbürste unter fließendem Wasser zum Emaillieren vorbereiten.

MODELLE

8 Das Naßemail zuerst auf die Blattinnenseiten auftragen. Die Farben werden nacheinander aufgelegt, dürfen aber ineinander verlaufen.

6 Flüssigfondant gut schütteln und gleichmäßig auf beide Blattseiten auftragen. Vielleicht fällt es Ihnen leichter, die Blätter mit einer Pinzette an der Stelle zu halten, die nicht emailliert wird. Biegen Sie die Blätter leicht, so daß sie auf der Muskovitplatte stehen. Dann legen Sie die Platte auf den Brennrost und lassen die Blätter vor dem Brand trocknen.

7 Blätter bei über 820 °C brennen. Es dauert nicht lange bei so dünnem Kupfer. Völlig abkühlen lassen. Dort wo der Fondant am dünnsten ist, scheint die Metallfarbe stärker durch.

9 Überschüssiges Wasser entfernen, indem Sie Küchenkrepp an den Rand des Emails halten.

10 Auf Blattaußenseiten Naßemail auftragen, und überschüssiges Wasser mit Küchenkrepp aufsaugen. Emails vor dem Brand völlig trocknen lassen.

MODELLE

11 Glanzbrennen.

12 Überschüssiges Email in der Mitte mit einem kleinen Feilnagel entfernen.

13 Blätter umbiegen und ein kleines Loch jeweils oben hineinbohren.

14 Je eine Ringöse durch die Löcher ziehen und Ohrringhaken befestigen.

MODELLE

Silberkette

Hier wird zum erstenmal mit Silber gearbeitet. Bevor Sie beginnen, lesen Sie bitte noch einmal die Abschnitte über das Vorbereiten und Verwenden von Silber für Emailarbeiten (S. 29/30). Dies ist eine einfache, aber prächtige kleine Kette, bei der das Naßemail direkt auf das Silber aufgetragen wird. Sie brauchen eine Bogensäge, um das Silber zuzuschneiden. Falls Sie noch keine benutzt haben, werden Sie feststellen, daß sie einfach zu handhaben ist und sauber arbeitet. Das Sägeblatt sollte straff, aber elastisch gespannt sein. Das ganze Stück wird vorn und hinten mit denselben Farben emailliert, die Glanzlichter erzielt man durch Sgraffito, das wir auch für die bunten Blattadern verwenden. Die Kanten bleiben absichtlich emailfrei, weil man sie schön polieren oder schleifen kann.

Sie brauchen
Pauspapier
Bleistift
Sprühkleber oder Klebestift
Silberplatte, 10 × 10 cm, etwa 0,5 mm dick
kleinen Handbohrer
Bogensäge mit Blatt (Größe 02)
Schraubzwinge
Holzstück, etwa 10 × 5 × 2,5 cm
kleinen Feilnagel
Muskovitplatte
Wasserschleifpapier
Stichel oder Reißnagel
runde Modellierform aus Holz oder Stahl
Glasbürste
zahnärztliche Instrumente, selbstgefertigte Werkzeuge oder Gänsekiel
Haftmittel (falls erwünscht)
Beize
transparentes blaugrünes Email
 – vorbereitet für Naßauftrag
transparentes blaßblaues Email
 – vorbereitet für Naßauftrag
transparentes maigrünes Email
 – vorbereitet für Naßauftrag
transparentes smaragdgrünes Email
 – vorbereitet für Naßauftrag
transparentes blaßgrünes Email
 – vorbereitet für Naßauftrag
Ständer
Brenngabel
Karborundfeile
Polierstahl
Küchenkrepp
Silberösen
Silberkette und -verschluß

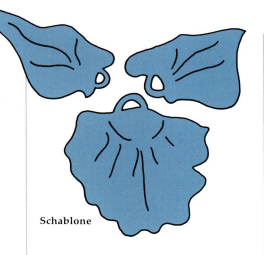

Schablone

1 Schablone abpausen und Pauspapier mit Sprühkleber oder Klebestift auf der Silberplatte fixieren.

2 Löcher durch Pauspapier und Silber bohren (dort wo die Ösen durchgehen sollen).

3 Sägeblatt an einem Ende lösen und durch ein Loch stecken. Wieder einspannen und die Fläche innerhalb der Linie aussägen. Zum Herausholen das Sägeblatt wieder lösen.

MODELLE

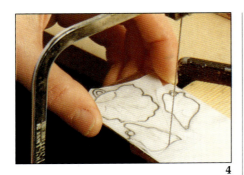

4 Blattformen und Blüte aussägen. Das geht am leichtesten, wenn man ein Stück Holz mit einer Schraubzwinge am Tisch befestigt. Gebrauchen Sie das Holz als Sägebock, damit Ihnen das Silber nicht wegrutscht. Sie können bequem sägen, ohne eventuell in den Tisch zu schneiden.

5 Das Pauspapier abnehmen und das Silberstück im Ofen bei etwa 600–650 °C glühen. Anschließend herausnehmen und unter kaltem Wasser abschrecken, gut abspülen und trocknen.

6 Feilen Sie die Kanten von Blüten und Blättern etwas schräg, dann wird die Kette besonders hübsch. Entfernen Sie die groben Feilspuren mit Wasserschleifpapier.

7 Mit einem Bleistift die Blattadern vorzeichnen und diese mit einem Stichel oder einem Reißnagel behutsam einritzen.

8 Nach dem Glühen sollte das Silber weich und gut zu verarbeiten sein. Biegen Sie es mit Daumen und Zeigefinger, oder nehmen Sie eine Modellierform aus Metall oder Holz. Säubern Sie das gebogene und geritzte Silber mit einer Glasbürste. Wenn es glänzt, sollte Wasser sich flächig darauf verteilen und nicht abperlen.

DIE BLÜTE

1 Tragen Sie zuerst eine Schicht Gegenemail auf. Sie können das Silber mit Haftmittel überziehen, aber wenn Sie Naßemails auflegen, ist das nur bei einer besonders kniffligen Form nötig. Etwas blaues Email mit dem Werkzeug oder dem Federkiel aufnehmen und auf dem Silber verteilen. Blaugrün bis 2 mm vom Rand entfernt auftragen und überschüssiges Wasser mit Küchenkrepp am Rand des Emails aufsaugen. Mit dem Emaillierwerkzeug sanft an den Rand des Werkstücks klopfen, damit sich das Email gleichmäßig verteilt. Bis zum Brand völlig trocknen lassen.

2 Brennen, aus dem Ofen holen und abkühlen lassen. Nach dem Brand ist das Silber vorn schwarz, nur Feinsilber nicht. Entfernen Sie das Schwarz durch Eintauchen in ein Säurebad. Gut spülen und mit einer Glasbürste säubern.

3 Die Vorderseite dünn mit blaßblauem Email überziehen. Sie können die Blüte dafür zwischen Daumen und Zeigefinger halten, aber vermeiden Sie es, das Email zu berühren.

4 Blüte auf einen Ständer legen, der sie an den Rändern stützt, und die erste Vorderschicht brennen.

5 Aus dem Ofen holen und langsam abkühlen lassen.

MODELLE

6 Eine Schicht dunkleres Blau auf die Blütenvorderseite aufbringen und trocknen lassen.

7 Einen Pinsel oder ein spitzes Werkzeug durch das trockene Email auf den erhabenen Stellen der Blüte ziehen, um das darunter liegende blassere Blau freizulegen. Wieder auf den Ständer legen und glattbrennen.

8 Nach dem Abkühlen zuerst mit einer Karborundfeile und danach mit Wasserschleifpapier hohe Stellen abschmirgeln. Beim Feilen immer das Werkstück unter fließendes Wasser halten. Da das Email davon matt wird, das Stück wieder glänzend brennen.

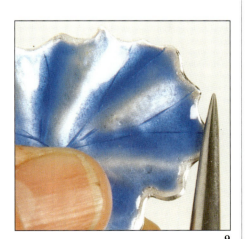

9 Mit Polierstahl am Silber entlangfahren. Dabei müssen Sie das Stück vorsichtig halten, weil Druck an der falschen Stelle Risse im Email verursachen kann.

DIE BLÄTTER

1 Naßemail zuerst auf die Rückseite auftragen, wie bei der Blüte. Für das Gegenemail habe ich dreierlei Grüntöne verwendet.

2 Überschüssiges Wasser mit Küchenkrepp aufsaugen. Bis zum »Orangenschalen«-Stadium brennen, aus dem Ofen holen und abkühlen lassen.

3 Vorderseiten beizen, spülen und mit Glasbürste reinigen. Die beiden helleren Grüntöne vorn auf die Blätter legen und trocknen lassen.

4 Wo das dunkle Grün durchscheinen soll, mit einem spitzen Werkzeug feine Linien durch das trockene Email ziehen.

5 Blätter glattbrennen. Herausholen und abkühlen lassen.

6 Wenn die Silberlinien schwarz geworden oder oxidiert sind, Blätter beizen, bis sie wieder silbern sind. Spülen und trocknen lassen. Mit Glasbürste säubern.

7 Mit spitzem Werkzeug Smaragdgrün in die Blattadern legen. Trocknen lassen. Blätter für den letzten Brand mit dem Ständer in den Ofen heben und glanzbrennen. Herausnehmen und abkühlen lassen.

8 Alle Oxidationsflecke lassen sich durch Beizen, Spülen und Polieren mit der Glasbürste entfernen. Blattkanten mit Polierstahl bearbeiten.

9 Blätter und Blüte jeweils mit einer Ringöse verbinden, dann mit zwei weiteren Ösen an der Kette befestigen.

MODELLE

Champlevé-Anhänger

Dieses Modell ist ein Silberanhänger aus Champlevé-Email. Silberteile werden herausgeätzt, um dort Emailschichten bis auf die gleiche Höhe wie das Silber aufzubringen. Wir werden auch ein paar Cloisonnédrähte in die geätzten Stellen legen, um die einzelnen Farben fein abzugrenzen.

Falls Sie eine Walze haben, flachen Sie den runden Cloisonnédraht ab. Aber Sie können den Draht auch so verwenden, wie er ist – dann wirkt er eben im fertigen Stück etwas dicker.

Sie brauchen
Silberplatte, 7,5 × 6 cm, etwa 1,2 mm dick
Stechzirkel
Lineal
Ständer
Pinsel
Ätzlack
Ätzlösung, Wasser mit Salpetersäure, im Verhältnis 3:1
Gummihandschuhe
Feder
Messingpinzette
Terpentin
Bogensäge und Sägeblatt
kleine Flachfeile
Glasbürste
Polierstahl
Silbercloisonnédraht, 0,2 mm oder 0,3 mm dick
Drahtschere oder Schere
Flachzange oder Pinzette
Haftmittel
zahnärztliche Instrumente, selbstgefertigte Werkzeuge oder Kiel
transparentes eisblaues Email – vorbereitet für Naßauftrag
transparentes blaßgrünes Email – vorbereitet für Naßauftrag
transparentes himmelblaues Email – vorbereitet für Naßauftrag
transparenten Fondant (falls erwünscht)
Brenngabel
Karborundfeile
Wasserschleifpapier
kleinen Handbohrer
silberne Ringöse
Silberkette

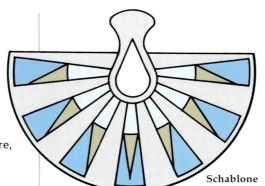

Schablone

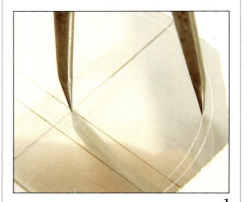

1 Am besten zeichnet man dieses Dekor gleich auf das Silber. Markieren Sie den Mittelpunkt mit dem Stechzirkel in mindestens 2,5 cm Abstand vom oberen Rand der Silberplatte. Ziehen Sie durch diesen Punkt eine waagerechte und eine senkrechte Linie. Zirkel auf 28 mm ausziehen und einen Halbkreis vom Mittelpunkt aus beschreiben. Noch 2 mm weiter ausziehen und einen zweiten Halbkreis ritzen.

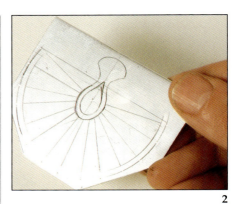

2 Markieren Sie den Außenrand des Halbkreises im Abstand von abwechselnd 6 und 9 mm, und ritzen Sie mit dem Lineal Linien vom Mittelpunkt zu diesen Markierungen. Mittelteil einzeichnen.

3 Das Silber so auf eine Unterlage legen, daß die Kanten frei sind. Behutsam Ätzlack auftragen. Kanten satt einstreichen. Vorderseite trocknen lassen, dann Silber umdrehen und Rückseite komplett bepinseln.

MODELLE

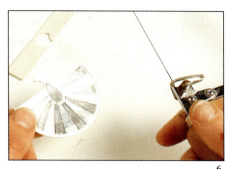

6 Außenform mit Bogensäge ausschneiden und Kanten glattfeilen.

7 Zu emaillierende Flächen mit Glasbürste und Polierstahl reinigen.

4 Das Säurebad vorbereiten und das Stück behutsam eintauchen. Beim Hantieren mit Säure sollten Sie immer Schutzkleidung, mindestens aber Handschuhe tragen. Die Säure sollte auf das Silber mit aufsteigenden Bläschen reagieren. Während des Ätzvorgangs sanft mit einer Feder über das Silber streichen. Sprudelt es zu sehr, muß die Säure mit weiteren ein bis zwei Teilen Wasser verdünnt werden. Bei einer starken Lösung dauert das Ätzen etwa 20 Minuten. Eine langsamere Ätzung, die sich fürs Emaillieren empfiehlt, dauert etwa 3 Stunden.

5 Werkstück mit einer Messingpinzette herausholen und unter fließendem kaltem Wasser abspülen. Die Ätzung sollte 0,2–0,4 mm tief sein, mit deutlich sichtbarem und fühlbarem Rand. Ist die Ätzung tief genug, können Sie den Ätzlack mit Terpentin entfernen, ansonsten noch einmal in die Lösung tauchen.

8 Cloisonnédrähte so zurechtbiegen, daß sie quer und diagonal in die zu emaillierenden Flächen passen. Dreiseitige Form für das Mittelstück und Tropfenform für obere Mitte biegen. Draht mit Schere schneiden und mit kleiner Flachzange oder Pinzette in Form biegen.

MODELLE

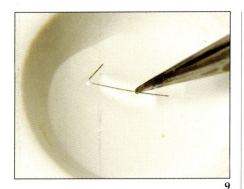

9 Etwas Haftmittel in ein Palettenfach geben. Cloisonnédrähte mit der Pinzette aufnehmen und in den Kleber stippen. Drähte in den geätzten Feldern positionieren.

10 Nacheinander alle Drähte in Haftmittel stippen und flach an ihren Platz legen.

11 Mit kleinem Emaillierwerkzeug das Himmelblau in die oberen Abschnitte legen. Nicht auf einmal bis zum Rand füllen – mehrere dünne Schichten sind besser – und seitlich ans Silber klopfen, damit sich das Email gleichmäßig verteilt. Vor dem Auftrag der nächsten Farbe nicht vollständig trocknen lassen.

12 Vorsichtig das blaßgrüne Email einlegen.

13 Dritte Farbe einlegen und trocknen lassen, überschüssiges Email mit einem feuchten Pinsel vom Silber entfernen.

MODELLE

14 Werkstück in den Ofen legen und brennen. Unmittelbar bevor es glatt wird herausnehmen. Abkühlen lassen.

15 Leicht überstehende Cloisonnédrähte mit Polierstahlkante hinunterdrücken. Zellen neu füllen. Vor dem Brand trocknen lassen.

16 So fortfahren, bis das Email auf gleicher Höhe mit dem Silber ist oder etwas höher.

17 Nach dem Abkühlen das Werkstück unter fließendes kaltes Wasser halten und mit der Karborundfeile das Email flachschleifen. Mit Wasserschleifpapier (zuerst Körnung 240, dann 600) die Schleifspuren der Karborundfeile entfernen. Nach dem Trocknen sollte das Email gleichmäßig matt sein.

18 Etwaige Hohlräume mit den entsprechenden Farben auffüllen, und das Werkstück wieder brennen und schleifen. Nach Wunsch jetzt glanzbrennen. (Ich habe mein Stück matt gelassen.)

19 Fläche einzeichnen, die für die Öse ausgeschnitten werden soll. Loch bohren und Sägeblatt durchziehen, so daß man von innen entlang der Linie sägen kann.

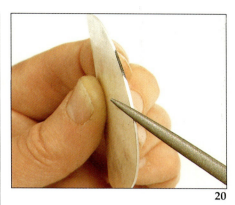

20 Die Kante des Silbers durch festes Reiben mit feiner Feile oder Polierstahl glätten. Dann silberne Ringöse durchziehen und Silberkette daran befestigen.

Basse-Taille-Anhänger

Wie schon das vorige Modell wird auch dieser Anhänger geätzt, doch darüber hinaus werden noch Konturen in eine bereits geätzte Fläche geätzt. Diese Technik heißt Basse Taille. Das Dekor entsteht unter dem Email, nicht durch Zellen im Email. Meistens graviert man das Muster in den Untergrund, was aber viel Geschick und Übung erfordert. Durch Ätzen erzielt man einen ähnlichen Effekt.

Sie brauchen
Silberplatte, 5 × 7,5 cm, etwa 1,2 mm dick
Bleistift
Ständer
Ätzlack
Pinsel
Ätzlösung aus Wasser und Salpetersäure, im Verhältnis 3:1
Gummihandschuhe
Feder
Messingpinzette
Terpentin
Stechzirkel
Bogensäge mit Sägeblatt
zahnärztliche Instrumente, selbstgefertigte Werkzeuge oder Gänsekiel
transparentes Email in kräftigem Rosa
 – vorbereitet für Naßauftrag
transparentes meergrünes Email
 – vorbereitet für Naßauftrag
transparentes blaugrünes Email
 – vorbereitet für Naßauftrag
transparentes orangegoldenes Email
 – vorbereitet für Naßauftrag
transparentes saphirblaues Email
 – vorbereitet für Naßauftrag
Brenngabel
Karborundfeile
Wasserschleifpapier
Polierstahl
kleinen Handbohrer mit Aufsätzen in zwei Größen
silberne Ringöse
Silberkette

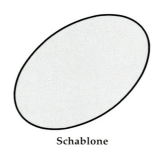

Schablone

1 Ein ebenmäßiges Oval von etwa 3,5 × 2,5 cm in die Mitte der Silberplatte zeichnen. Das Silber auf einen Ständer legen und das ganze Stück außerhalb der ovalen Linie sorgfältig mit Ätzlack überziehen. Die Kanten satt einstreichen.

2 Den Lack gründlich trocknen lassen, dann das Silber umdrehen und Rückseite und Kanten ganz lackieren. Wenn alles völlig trocken ist, Silber mit der Vorderseite nach oben in die Ätzflüssigkeit legen. Ab und zu mit der Feder sanft über die Silberoberfläche streichen. Darauf achten, daß die Säure nicht zu rasch ätzt (Lösung sprudelt dann zu stark), da die ovale Linie sonst leicht ausfransen kann.

3 Wenn 0,2–0,4 mm weggeätzt sind, mit der Messingpinzette das Werkstück herausheben. Dabei sollten Sie Gummihandschuhe tragen. Vollständigkeit des Ätzlacküberzugs testen. Sicherheitshalber vor dem zweiten Säurebad die Lackierung erneuern. Alten Lack mit Terpentin entfernen und neue Schicht auftragen. Eventuell lassen sich auch nur kleine Stellen ausbessern. Wenn das Stück völlig trocken ist, erneut lackieren.

4 Mit dem Bleistift einzuätzendes Dekor einzeichnen.

MODELLE

5 Mit Ätzlack um die Bleistiftlinien herumpinseln und den Ovalrand satt einstreichen.

6 Werkstück in die Säure legen, um die Linien einzuätzen.

7 Mit Messingpinzette herausholen, wenn tief genug geätzt ist, und Lack mit Terpentin entfernen.

8 Stechzirkel 2–3 mm ausziehen und eine Spitze innerhalb des Ovalrandes ansetzen, mit der anderen Spitze eine Außenlinie ziehen. Oben für den Aufhänger etwas Silber stehenlassen.

MODELLE

9 Mit Bogensäge entlang der geritzten Außenlinie ausschneiden.

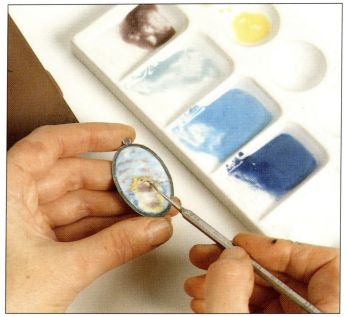

10 Mit dem Naßauftrag der Emails beginnen. Zuerst konturierte Linien füllen, dann eine dünne Schicht über die ganze Fläche ziehen. Vor dem Brand das Email gründlich trocknen lassen, dann fast glattbrennen. Aus dem Ofen holen und abkühlen lassen.

11 Die nächste Emailschicht auflegen. Farben mischen durch Dicht-an-dicht-Legen der Emails. Wieder brennen, aus dem Ofen holen und abkühlen lassen.

MODELLE

13

15

12 Ist das Email auf gleicher Höhe wie das umgebende Silber oder am besten noch etwas höher, mit dem Schleifen beginnen, zuerst mit einer Karborundfeile unter fließendem Wasser. Die dabei entstandenen Schleifspuren mit Wasserschleifpapier entfernen.

13 So lange schleifen, bis das Email glatt und eben ist. Gut trocknen und nach Senken absuchen, die behutsam mit entsprechender Farbe aufzufüllen sind. Wieder brennen und schleifen. Zum Schluß etwas heißer brennen, herausholen und abkühlen lassen.

14 Silberne Kante mit Polierstahl glätten.

15 Kleines Loch in die Spitze bohren und mit größerem Bohrer oder Bogensäge angemessen vergrößern. Öse befestigen und Kette durchziehen.

MODELLE

Emaillierte Ringe

Nun gestalten wir einen Servietten- und zwei Fingerringe aus Silber. Die ersten Schritte sind dabei identisch, das weitere Vorgehen wird einzeln beschrieben. Silberröhren kann man in verschiedenen Längen und Durchmessern kaufen.

Sie brauchen
Silberröhre, Länge etwa 3 cm, Durchmesser 6 cm
Silberröhren in passenden Ringweiten
Stechzirkel
Bogensäge mit Blatt
Flachfeile
kleinen Feilnagel
Klebeband
Ätzlack
Bleistift
Pinzette
Cutter oder Skalpell
Ätzlösung aus Wasser und Salpetersäure, im Verhältnis 3:1
Gummihandschuhe
Feder
Messingpinzette
Terpentin
Glasbürste
Silbercloisonnédraht, 0,2 oder 0,3 mm dick
Draht- oder Haushaltsschere
transparenten Fondant (falls erwünscht)
Haftmittel
Pinsel
zahnärztliche Instrumente, selbstgefertigte Werkzeuge oder Gänsekiel
opakes weißes Email (mittel)
 – vorbereitet für Naßauftrag
opakes sonnenblumengelbes Email
 – vorbereitet für Naßauftrag
opakes schwarzes Email
 – vorbereitet für Naßauftrag
opakes scharlachrotes Email
 – vorbereitet für Naßauftrag
opakes grünes Email
 – vorbereitet für Naßauftrag
transparentes violettes Email
 – vorbereitet für Naßauftrag
Brennrost
Brenngabel
Spatel
Emailmalfarben, rot und grün
Polierstahl

RING 1

1 Stechzirkel auf Ringbreite einstellen. Eine Spitze am Ende der Röhre anlegen und mit der anderen Spitze rundum eine Linie einritzen.

2 An der markierten Linie entlang durchsägen. Den oberen und unteren Rand des Silbers mit einer großen Flachfeile glätten.

3 Mit flachem Feilnagel rauhe Kanten bearbeiten.

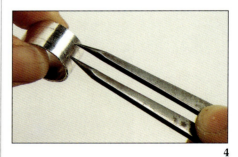

4 Mit dem Zirkel einen Mittelstreifen markieren.

5 Klebeband zuschneiden und über dem markierten Streifen um die Röhre wickeln.

MODELLE

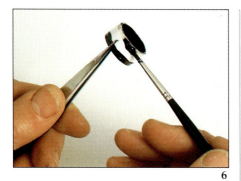

6

6 Alle blanken Silberflächen mit Ätzlack bepinseln; Innenseite und Kanten nicht vergessen. Gründlich trocknen lassen.

7

7 Das Klebeband mit Hilfe einer Pinzette ablösen und überschüssigen Ätzlack mit einem Cutter wegkratzen. Eventuell manche Stellen nachlackieren und ein paar Stunden trocknen lassen.

8 Ring in Ätzlösung legen. Der Vorgang sollte 2–3 Stunden dauern. Falls die Lösung zu schnell ätzt, mit etwas Wasser verdünnen.

9

9 Emailliermuster aufzeichnen, Flächen umranden, die ungeätzt bleiben sollen.

10

11

12

10 Ätzlack auf markierte Flächen pinseln und trocknen lassen.

11 Vorsichtig den Ring in die Lösung legen. Sowohl Servietten- als auch Fingerring werden herausgeholt, wenn eine Ätztiefe von 0,3 mm erreicht ist.

12 Den Ätzlack mit Terpentin entfernen und den Ring gründlich mit klarem Wasser abspülen.

13 Reinigen Sie die zu emaillierende Fläche mit einer Glasbürste, und polieren Sie sie.

14 Mit Dorn oder feiner Federspitze Email auf die Flächen um das Dekor herum legen. Haftmittel ist bei so kleinen Flächen unnötig, doch beim Versäubern der Emailfelder überschüssiges Wasser mit Küchenkrepp aufnehmen oder mit Haftmittel arbeiten. Wenn das Email ganz trocken ist, Ring auf eine Muskovitplatte oder den Brennrost legen und brennen.

14

15 Herausholen und abkühlen lassen. Falls nötig, erneut Emails einfüllen, trocknen und wieder brennen. Ist das Email auf gleicher Höhe wie das es umgebende Silber, unter fließendem Wasser schleifen und glätten.

15

16 Eventuell entstandene Senken auffüllen und erneut brennen. Zum Schluß glanzbrennen. Der letzte Brand ist überflüssig, wenn man das Email ganz fein mit Schleifpapier (Körnung 600–1200) poliert, das verleiht dem Ring einen herrlichen Mattglanz.

MODELLE

RING 2

1 Schritt 1 bis 3 wie bei Ring 1, dann Ring mit Glasbürste säubern und mit Haftmittel überziehen.

2 Den Ring mit der Pinzettenspitze halten und vorsichtig das weiße Email auflegen. Arbeiten Sie sich stückchenweise vor. Beim Drehen den Ring möglichst nicht mit den Fingern anfassen. Überschüssiges Wasser mit Küchenkrepp absaugen.

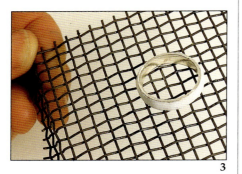

3 Ring auf den Brennständer legen und brennen. Herausholen und abkühlen lassen. Eventuell eine zweite weiße Emailschicht aufbrennen.

4 Wenn das Email abgekühlt ist, mit einer Karborundfeile polieren und mit Wasserschleifpapier nacharbeiten, bis es rundum ganz eben und glatt ist. Im Ofen glanzbrennen.

5 Emailfarben mischen. Den Ring mit der Pinzette halten und mit sehr feinem Marderhaarpinsel mit jeweils einer Farbe verzieren. Email auf dem Ofen etwa eine Stunde trocknen lassen oder solange vor die geöffneten Ofenklappe halten, bis kein Dampf mehr aufsteigt.

6 Brennen, bis die Emailfarben glänzen. Aus dem Ofen holen, abkühlen lassen, dann vorsichtig Kanten des Rings feilen, um das Silber freizulegen. Kanten polieren. Poliermittel für weißes Email mit Bedacht auswählen. Politur kann Email verschmutzen, so daß es schwer zu reinigen ist. Polieren Sie zuerst ein Probestück.

MODELLE

SERVIETTENRING

1

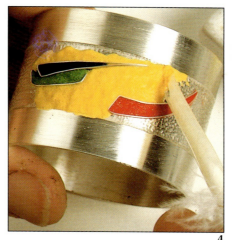

4

7 Email mit Diamant- und Karborundfeile unter fließendem Wasser bearbeiten.

8

1 Schritt 1 bis 8 wie bei Ring 1. Cloisonnédraht flachwalzen (rund verwenden, falls Sie keine Walze besitzen). Drähte mit Pinzette halten, in Haftmittel stippen und so auf den Serviettenring legen, daß sie sich der Rundung anpassen. Falls die Drähte schlecht haften, Ring mit einer dünnen Schicht Fondantemail überziehen. Gut trocknen lassen, dann bei 820–850 °C brennen, Drähte in Haftmittel stippen und auf den gebrannten Fondant legen. Wenn sie gut sitzen, erneut brennen, bis die Drähte eben in den Fondant sinken. Aus dem Ofen holen und abkühlen lassen. Zu hoch liegende Drähte in den Fondant drücken.

2 Mit spitzem Werkzeug bunte Emails in die Zellen legen.

3 Abschnittweise Gelb um den Ring legen. Dafür eine kleine Fläche um die Cloisonnédrähte mit Haftmittel bestreichen und dann Farbe auflegen. Wasser mit Küchenkrepp absaugen. Dann den nächsten Abschnitt mit Haftmittel bestreichen und anschließend mit farbigem Email belegen. Zentimeterweise vorarbeiten.

4 Entfernen Sie überschüssiges Wasser mit Küchenkrepp, und fahren Sie fort, Stückchen für Stückchen Email aufzulegen. Machen Sie sich keine Sorgen, falls die Oberfläche uneben aussieht – tragen Sie nur nicht zu viel auf.

5 Ring auf Brennrost legen. Wenn er völlig trocken ist, zum Brennen in den Ofen heben. Herausholen und abkühlen lassen.

6 Eine zweite Schicht Email genauso auftragen wie die erste, dann brennen. Bedenken Sie, daß diese opaken Farben eine etwas längere Brenndauer haben als die transparenten.

8 Ring trocknen lassen. Vertiefungen auffüllen und wieder brennen. Aus dem Ofen holen und abkühlen lassen. Wieder mit Wasserschleifpapier polieren. Abschließend den Serviettenring etwas heißer, aber recht kurz glanzbrennen.

9 Silber sorgfältig von Oxiden befreien. Falls die Emails auf dem Probestück den Säuretest bestanden haben, in Beize säubern. Falls nicht, mit feinem Wasserschleifpapier Ring innen und außen schmirgeln, ohne das Email zu berühren. Für diesen Ring wurden nur die Ränder mit einem Polierstahl geglättet, der Rest wurde matt belassen.

MODELLE

Dosendeckel

Die Emails auf diesem Deckel sind recht schlicht, daher können wir uns auf die Folien konzentrieren und sehen, wie sie sich unter transparenten Emails verhalten. Ich habe Kupfer und einen Grund aus opakem Email gewählt, mit einem transparenten Email über der Folie. Wenn Sie Silber wählen, grundieren Sie am besten mit transparentem oder Fondantemail.

Sie brauchen
Kupfer- oder Silberplatte, 8 × 2,5 cm, etwa 0,6 mm dick
Wasserschleifpapier
Glasbürste
Ständer
Haftmittel
Pinsel
transparenten Kupferfondant (hart)
opakes sonnenblumengelbes Emailpulver – geschlämmt und getrocknet
Sieb oder Streuer
Brenngabel
Karborundfeile
Silberfolie
Pauspapier
Bleistift
Lineal
Schere
Schneidunterlage
Spatel
Cutter oder Skalpell
Stecknadel
transparentes grünblaues Emailpulver – geschlämmt und getrocknet
destilliertes Wasser
kleine Feile
Kontaktkleber

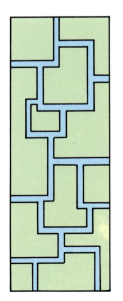
Schablone

1

1 Das Metallstück glühen und gründlich mit Wasserschleifpapier und Glasbürste reinigen. In einen Ständer klemmen und mit Haftmittel bepinseln.

2

2 Als Gegenemail gleichmäßig harten Kupferfondant aufsieben.

3

3 Metall auf Brennrost legen, in den Ofen heben und brennen, bis das Gegenemail schwach glänzt.

4

4 Aus dem Ofen nehmen und abkühlen lassen. Oxide mit Wasserschleifpapier entfernen und mit Glasbürste reinigen.

MODELLE

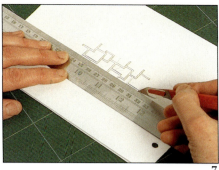

7 Mit Cutter und Metallineal Dekor durch alle drei Lagen schneiden.

5 Stützen Sie das Werkstück auf dem Ständer, überziehen Sie es gleichmäßig mit Haftmittel, und sieben Sie dann das opake Email auf. Das Metall vorsichtig anheben und Emailpuder vom Ständer entfernen. Das Stück wieder auflegen und brennen, bis das Email glänzend und glatt ist. Herausholen und abkühlen lassen. Falls erforderlich, opakes Email glattschleifen.

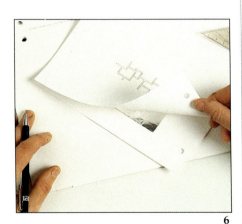

6 Silberfolie vorbereiten: Dekor mit Stift und Lineal auf doppelt gefaltetes Pauspapier übertragen. Folie zwischen dem gefaltetem Papier unter der Zeichnung positionieren und auf die Schneidunterlage legen. Sie können die Folie mit einem Spatel oder einem mit Haftmittel angefeuchteten Pinsel aus der Packung heben.

8 Opake Emailfläche dünn mit Haftmittel überziehen, ausgeschnittene Folie behutsam aufheben und auf das Email legen. Vorsichtig in die richtige Lage bringen. Dann mit Stecknadeln winzige Löcher in die Folie piksen.

9 Werkstück auf Ständer legen und brennen, bis es anfängt zu glänzen. Herausholen und abkühlen lassen. Transparentes Email dünn aufsieben, überschüssiges Email vom Ständer entfernen.

MODELLE

10 Werkstück brennen, aus dem Ofen holen und abkühlen lassen.

11 Ein wenig destilliertes Wasser zum transparenten Email geben und etwas Naßemail auf drei Felder auftragen. Vor dem Brand trocknen lassen.

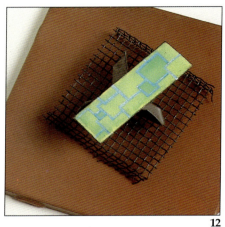

12 Stück aus dem Ofen holen und abkühlen lassen. Falls die Oberfläche uneben ist, mit Karborundfeile und Wasserschleifpapier glätten, dann erneut brennen. Kupferränder mit kleiner Feile bearbeiten und das Stück mit Kontaktkleber im Deckel fixieren.

Dosendeckel mit Goldfolie

Bei diesem Modell wird Goldfolie unter transparentes Email gelegt. Sie können sehen, wie die Farben über Gold leuchten. Ich habe einen Dosendeckel verziert, Sie können nach derselben Methode aber auch ein Bild arbeiten, es in Silber einlassen und als Anhänger benutzen.

Sie brauchen
Kupferscheibe, etwa 3,5 cm Durchmesser
Ständer
Haftmittel
Pinsel
Kupferfondant (hart)
   – geschlämmt und getrocknet
Sieb oder Streuer
Brenngabel
Wasserschleifpapier
Glasbürste
Papier
Goldfolie
Bleistift
Schere
Stecknadel
transparenten blauen Fondant
   – vorbereitet für Naßauftrag
Cloisonnédraht, 0,2 oder 0,3 mm dick
Pinzette
transparentes glänzendschwarzes Email
   – vorbereitet für Naßauftrag
transparentes Goldemail
   – vorbereitet für Naßauftrag
tranparentes orangegoldenes Email
   – vorbereitet für Naßauftrag
transparentes orangefarbenes Email
   – vorbereitet für Naßauftrag
transparentes, kräftiges rosa Email
   – vorbereitet für Naßauftrag
Karborundfeile

1 Kupferscheibe vor dem Emaillieren glühen und säubern. Auf den Ständer legen und mit einer Schicht Haftmittel überziehen. Schicht Kupferfondant aufsieben, überschüssiges Email vom Ständer entfernen. Im Ofen brennen, herausholen und abkühlen lassen.

2 Oxide von der Unterseite mit Wasserschleifpapier entfernen, Oberseite mit Glasbürste säubern. Dann Werkstück auf den Ständer legen, mit Haftmittel überziehen und eine Schicht Kupferfondant aufsieben. Glattbrennen, aus dem Ofen nehmen und abkühlen lassen.

MODELLE

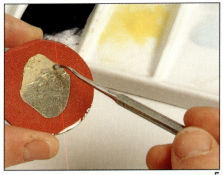

5 Werkstück auf den Ständer legen. Brennen, bis der Fondant die Goldfolie hält, herausnehmen und abkühlen lassen. Eine feine Schicht blauen Fondant naß auf die Goldfolie legen. Trocknen lassen, brennen, aus dem Ofen holen und abkühlen lassen.

3 Die Goldfolie zwischen einen in der Mitte gefalteten Papierbogen legen. Oben auf das Papier eine ovale Form zeichnen und durch alle drei Lagen mit Schere oder Cutter ausschneiden.

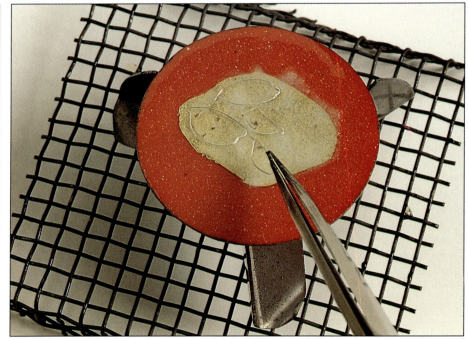

4 Mit dem Pinsel etwas Haftmittel auf die emaillierte Scheibe geben, Goldfolie mit Pinselspitze aufnehmen und darauf legen. Mit Stecknadel die ganze Folie perforieren.

6 Cloisonnédrähte biegen – rund verwenden, falls keine Möglichkeit zum Flachwalzen besteht – und auf der Folie anordnen. Falls nötig, mit etwas Haftmittel fixieren. So lange brennen, bis die Drähte beim Ausschmelzen eben ins Fondant sinken. Herausholen und abkühlen lassen.

7 Transparente Emails naß in die Zellen legen.

MODELLE

8 Behutsam schwarzes Email zwischen die Zellen legen, bis die ganze Scheibe schwarz ist. Vor dem Brand auf dem Ständer gründlich trocknen lassen. Aus dem Ofen holen und abkühlen lassen. Bei kräftigen Farben wie Schwarz kann man die transparenten Farben und Schwarz abwechselnd brennen. Schwarzes Email läßt sich von bereits gebrannten Farben leichter entfernen als von trocknenden, naß aufgetragenen Emails.

9 Zellen weiter mit transparenten Emails füllen und Schwarz in dünnen Schichten auftragen. Trocknen, brennen und abkühlen lassen, bis die oberen Zellenränder erreicht sind.

10 Werkstück unter fließendem kalten Wasser ganz glatt feilen, dann mit Wasserschleifpapier polieren. Vertiefungen mit Email auffüllen und erneut brennen. Falls nötig, vor dem abschließenden Glanzbrand noch einmal schmirgeln.

Problemlösungen

EMAIL BEKOMMT RISSE ODER SPRINGT AB

MÖGLICHE URSACHE

1 Zu dicke oder zu unebene Emailschicht wurde aufgelegt.
2 Wurden die Emails mit einer Lampe gebrannt?
3 Es wurde nicht gegenemailliert.
4 Das Metall ist schmutzig.
5 Es ist ungleichmäßiger Druck entstanden.
6 Die Brenntemperatur der Oberschicht ist zu niedrig für den Untergrund.

MÖGLICHE ABHILFE

1 Gegenemaillieren und behutsam Risse oder Senken vor erneutem Brand ausfüllen.
2 Wenn Sie mit einer Lötlampe brennen: Kein Teil der Flamme darf das Email berühren. Abkühlen lassen ohne Anfassen.
3 Gegenemaillieren.
4 Darauf achten, daß das nächste Stück sauber ist.
5 Noch einmal brennen.
6 Noch einmal bei der Temperatur brennen, die man zum Brennen der Grundierung braucht.

EMAIL WEIST NACH DEM BRAND BLASEN ODER LÖCHER AUF

1 Das Email war beim Brennen zu naß.
2 Der Emailauftrag war zu dick.
3 Das Metall hat Oxidationsflecke – ist es ein Gußstück?
4 Die Brenntemperatur war zu hoch.
5 Die Emailschicht war zu dünn.

1 Löcher füllen. Email immer gut trocknen lassen. Neu brennen.
2 Feilen, mit Wasserschleifpapier schmirgeln und neu brennen.
3 Oxidation möglichst unterbinden (s. S. 28 für Kupfer und S. 30 für Silber). Bei Gußstücken neuen Versuch starten.
4 Mit Wasserschleifpapier schmirgeln und Löcher füllen. Bei etwas niedrigerer Temperatur neu brennen.
5 Mit Glasbürste reinigen, trocknen lassen. Neue Schicht auftragen.

TRANSPARENTES EMAIL IST TRÜB

1 Schlecht geschlämmtes Email.
2 Schwarze Flecken im Metall.
3 Eventuell verschmutzte Säure.
4 Spuren von Lötmasse, die schwarz werden.
5 Ofentemperatur zu niedrig.
6 Emailschichten zu dick.

1 Nicht zu beheben. Emails immer gut schlämmen.
2 Oxidation unterbinden (s. S. 30) und mit Fondant grundieren.
3 Werkstücke nach dem Beizen immer gut abspülen.
4 Email vorsichtig mit Bohrer abtragen und Lötspuren entfernen, und zwar vor dem Emaillieren.
5 Temperatur erhöhen und neu brennen.
6 Heißer brennen. Email unbedingt aus mehreren dünnen Schichten aufbauen.

EMAIL WIRD VON BRAND ZU BRAND SCHLECHTER

1 Das verwendete Email ist vermutlich zu »weich« und brennt wegen der Temperatur, die die anderen Emails verlangen, aus.

1 Temperatur absenken oder nur kompatible weichbrennende Emails wählen. Emailschichten möglichst so planen, daß »harte« Brände – bei hoher Temperatur – zuerst kommen, weiche Farben zuletzt. Muß der letzte Brand heißer sein, weiche Farben mit klarem Fondant überziehen.

EMAIL HAT SCHWARZE RÄNDER ODER BRANDLÖCHER

1 Email ist an den Rändern zu dünn.
2 Kupfer reagiert manchmal so auf Email.
3 Email ist zu stark gebrannt.

1 Ränder durch Beizen und/oder mit Wasserschleifpapier reinigen. Mehr Email auflegen und erneut brennen.
2 Kupfer möglichst dicht am Email feilen, gewissenhaft säubern und polieren.
3 Mit niedriger Brenntemperatur gelingt es vielleicht besser. Falls nicht, säubern Sie das Stück gründlich, füllen die Löchlein auf und brennen noch einmal mit weniger Hitze. Nächstes Mal Brenntemperatur *vorher* testen.

PROBLEMLÖSUNGEN

SCHWARZE PUNKTE IM GEBRANNTEN EMAIL

MÖGLICHE URSACHE

1 Schmutz im Email vor dem Brennen.

2 Schmutz im Email durch das Abfeilen.

MÖGLICHE ABHILFE

1 Punkte vorsichtig entweder von Hand oder maschinell mit einem Diamantbohrer herausbohren. Metallgrund nicht ankratzen. Löcher gründlich mit Wasser spülen, mit Glasbürste reinigen und mit Email füllen. Erneut brennen.

2 Wie oben verfahren. Beim Feilen Werkstück unter fließendes Wasser halten. Mit Wasserschleifpapier Karborundkratzer beseitigen.

EMAIL IST UNEBEN

1 Emailauftrag war ungleichmäßig.
2 Email ist nicht lange genug gebrannt worden.

1 Auffüllen, brennen, feilen, erneut brennen.
2 Email glattbrennen.

GRÜNE RÄNDER AN WEISSEM EMAIL, SCHWARZE STELLEN AUF ROTEN UND WEICHEN EMAILS

1 Zu lange gebrannt oder Email zu dünn.

1 Neue Schicht auftragen und bei weniger Hitze brennen.

OPAKE EMAILS SIND PORÖS, TRANSPARENTE »BLÜHEN«

1 Emails vertragen die Beize nicht.

1 Gründlich säubern, neue Schicht auflegen, falls möglich, und neu brennen. Sonst nach dem Säubern neu brennen. Eventuell das Stück mattieren (s. Seite 28) oder mit Bimsstein polieren. Auf Säureempfindlichkeit hin prüfen.

WERKSTÜCK IST VERBOGEN

1 Ungleiche Spannung zwischen Email und Metall.
2 Fehlendes Gegenemail.
3 Metall ist zu dünn für die Emailmasse.

1, 2 und 3 Werkstück aus dem Ofen nehmen und sofort auf Stahlunterlage plazieren. Mit Bügeleisen flachdrücken. Schalen mit der Öffnung nach unten legen und Bügeleisen darauf stellen. Die meisten Teile werden so flach, aber die Spannung bleibt und das Email kann abspringen. Eventuell gegenemaillieren oder nächstes Mal dickeres Metall nehmen.

SIE HABEN DIE ARBEIT FALLEN GELASSEN, SIE ZERSPRINGT, UND SPLITTER FLIEGEN HERUM

Nicht verzagen! Heben Sie das Werkstück auf, säubern Sie es gründlich unter fließendem Wasser und begutachten Sie den Schaden. Bei grober Verschmutzung mit Scheuermittel auf Ammoniakbasis und heißem Wasser säubern und gründlich mit kaltem Wasser spülen. Feilen, falls nötig mit Wasserschleifpapier schmirgeln, Risse vorsichtig füllen. Glanzbrennen. Vielleicht ist es ja doch noch zu retten …

Glossar

Abschrecken: Metall nach dem Erhitzen in Wasser oder Beize abkühlen.

Ätzen: Mit einer Säure Teile aus einem Metallstück entfernen.

Ätzlack: Komponentenlack auf Bitumenbasis, der beim Ätzen Metallteile vor Säure schützt.

Antioxidationsmittel: Weißes, mit Methylalkohol oder Wasser zur Paste verrührtes Pulver. Es wird vor dem Erhitzen auf Silber aufgetragen, um schwarze Flecken zu vermeiden.

Aufglasurfarben: Sehr fein gemahlene Emails für Malerei, meist auf zuvor emailliertem Grund aufzutragen.

Basse Taille (Tiefschnittemail): Emailliertechnik, bei der transparente Emails über einer gravierten, getriebenen oder ziselierten Metalloberfläche aufgelegt werden.

Beize: Säurelösung, meist Schwefelsäure oder Essig mit Wasser, mit der man Oxide vom Metall entfernt.

Bimssteinpulver: Feines Schleifpulver, mit Wasser zu einer Paste verrührt, als Reinigungsmittel für Metall und mit Polierweiß als Politur für Emailflächen

Brennofen: Emaillierofen (isolierter Elektro- oder Gasofen).

Champlevé (Grubenemail): Emailliertechnik mit opaken oder transparenten Emails, die in geätzte oder geschnittene Gruben gebrannt werden.

Cloisonné (Zellenemail): Emailliertechnik, bei der die Farben durch dünne Metalldrähte getrennt werden.

Emaillieren: Glas und Metall bei hohen Temperaturen miteinander verschmelzen.

Fensteremail (émail à jour): Emailliertechnik, bei der transparente Emails in offene Metallzellen gelegt werden, was an Tiffanyglas erinnert.

Fondant: Klares Email ohne Metalloxide.

Gegenemail: Wird auf die Rückseite eines Werkstücks gebrannt, um die Spannung zwischen dem Email auf der Vorderseite und dem Metall auszugleichen.

Glasbürste: Zum Reinigen und Polieren von Metall.

Glühen: Metall durch Erhitzen bei richtiger Temperatur weich machen und auskühlen lassen.

Gravieren: Linien in Metall ritzen oder Teile mit Gravierwerkzeug daraus entfernen.

Grisaille: Emailliertechnik, bei der man mit weißem Email über schwarzem Emailgrund Grautöne und Plastizität kreiert.

Haftmittel: Hitzebeständiger Werkstoff, der nasses und trockenes Email auf Metall hält. Das handelsübliche Haftmittel brennt aus, ohne Spuren unter dem Email zu hinterlassen.

Hartes Email: Brennt bei hoher Temperatur und ist meist säureunempfindlich.

Hohe Brenntemperaturen: Bedeutet mehr als 900 °C.

Lavendelöl: Mittel zum Mischen feiner Aufglasuremails.

Modellierform: Werkzeug aus Holz oder Stahl, zum Biegen und Formen von Metall.

Muskovit: Hitzebeständiger Glimmer, manchmal auch als Hintergrund für Fensteremail oder als saubere Unterlage für die Emails im Ofen verwendet.

Niedrige Brenntemperaturen: Weniger als 680 °C.

Opake Emails: Emails, die die Metallfläche farblich völlig abdekken.

Opalisierende Emails: Emails, die wie ein Opal oder leicht milchig aussehen.

Oxidation: Durch Sauerstoff verursachte Verfärbung des Metalls.

Polierstahl: Hochpoliertes Werkzeug aus rostfreiem Stahl. Für die manuelle Bearbeitung des Metalls, um eine glänzende Oberfläche zu erhalten.

Pyrometer: Ein Temperaturregler, der in die Ofenrückwand paßt und mit einer Temperaturanzeige verbunden ist.

Salpetersäure: Mit Wasser verdünnt benutzt man sie zum Ätzen von Silber und zum Entfernen von schwarzen Flecken.

Schlegel: Ein hammerähnliches Werkzeug aus Holz oder lederbespannt, das keine markanten Spuren auf dem Metall hinterläßt.

Schleifen: Email mit Karborundfeile und Wasser bearbeiten, bis die Oberfläche glatt und eben ist.

Schwarze Flecken: Bilden sich auf Silber, weil sich der Kupfergehalt beim Erhitzen mit Sauerstoff verbindet (Oxidation).

Schwefelsäure: Dient mit Wasser verdünnt als Beize.

Sgraffito: Technik, bei der die Linien durchs trockene Email gezogen werden, wodurch der Metall- oder Farbgrund darunter sichtbar wird.

Temperaturregler: Ein Thermostat mit Stufenskala, der den Ofen vor Überhitzung schützt.

Transparente und transluzide Emails: Emails, die die Farbe des unterliegenden Metalls oder Farbgrunds nach dem Brand durchscheinen lassen.

Treiben: Ein Linienmuster in Metall stechen.

Weiches Email: Email, das bei niedriger Temperatur schmilzt und meist empfindlich auf Säure und Poliermittel reagiert.

Nützliche Hinweise

WEITERFÜHRENDE LITERATUR

Helmut Bosch
Die Nürnberger Hausmaler – Emailfarbendekor auf Gläsern und Fayencen der Barockzeit
München: Klinkhardt und Biermann, 1984
(mit Literaturverzeichnis)

Erhard Brepohl
Kunsthandwerkliches Emaillieren
Leipzig: Fachbuchverlag, 1979

Erhard Brepohl
Werkstattbuch Emaillieren – Technik und künstlerische Gestaltung
Augsburg: Augustus Verlag, 1992

Geoffrey Clarke, Francis und Ida Feher
Emailarbeiten
Ravensburg: Otto Maier Verlag, 1967

Peter Friedel
Emaillieren, mein Hobby
München: Humboldt Taschenbuch, 1984

William Harper
Emaillieren – Eine vollständige Einführung
Bonn: Hörnemann Verlag, 1975

Günter Haseloff
Email im frühen Mittelalter
Marburg: Hitzeroth, 1990

Soame Jenyns und William Watson
Chinesische Kunst: Gold, Silber, Bronze, Email, Lack, Holz
Band 1 (von 2)
Zürich: Orell Füssli Verlag, 1963

Wolfgang Kühn
Email-Technik
Berlin: VEB Verlag Technik, 1987

Jutta Lammer
Neue Emailarbeiten
Ravensburg: Otto Maier Verlag, 1976

Dietrich-Rudolf Mann
Glas, Email, Keramik, Säurebau
Leipzig: 1974

Linda Newton
Metall- und Emailarbeiten
Ravensburg: Otto Maier Verlag, 1978

Armin Petzold, Helmut Pöschmann
Email und Emailliertechnik
1992

Günther Reinhardt
300 Vorlagen für Emailarbeiten
Stuttgart: Verlag M. Frech

Gertrud Rittmann-Fischer
Gestalten mit Email – Techniken, Motive, Ideen
München: Callwey, 1991

Lili Schultz
Farbe und Metall – Kunst aus dem Feuer
Köln: Museum für angewandte Kunst, 1991

Alexander von Solodkoff
Russische Goldschmiedekunst
München: Callwey, 1981

Heiko Steuer (Hg.)
Email: Kunst, Handwerk, Industrie
Köln: Kölnische Verlagsdruckerei, 1981

Yvonne Thalheim
Emaillieren – Techniken und Beispiele
Ravensburg: Otto Maier Verlag, 1988

Jiri Tychi
1940–1980 (Ausstellungskatalog, u.a. mit Emailkunst)
Neustadt a.d. Weinstraße: Pfälzische Verlagsanstalt, 1980

Sylke Wunderlich
Emailplakate – Ein internationaler historischer Rückblick
Leipzig: Edition Leipzig, 1991

Katharina Zechlin
Emaillieren – ein schönes Hobby
Stuttgart: Verlag M. Frech

Katharina Zechlin
Das kleine Emailbuch
Stuttgart: Verlag M. Frech, 1975

Rose Zimmermann
Emailschmuck selbst gemacht
Freiburg i. Br.: Christophorus Verlag, 1965

VERSENDER VON EMAILLIERBEDARF

Johannes Gerstäcker Verlag GmbH
Wecostr. 4
53783 Eitorf
Tel.: 02243/889-0

Wilhelm Hiller Emailhandlung
Werner-Siemens-Str. 28
75173 Pforzheim
(Katalog gegen 2,– DM Schutzgebühr)

Hobbyshop Wilhelm Rüther GmbH & Co. KG
Postfach 510 517
13365 Berlin
Tel.: 030/216 55 87
Fax: 030/414 62 48
(kein Emaillierbedarf im regulären Katalog, liefert aber auf Anfrage)

Lothar Karmoll Schmuck und Metallwaren
Industriestr. 80–82
75181 Pforzheim
Tel.: 07231/70494, 70437

Kittec Brennofen GmbH
Beuhausstr. 4
52078 Aachen
Fax: 0241/920910-5
(kein Verkauf an Privatpersonen, versendet aber Prospektmaterial)

Nabertherm (Brennöfen)
Bahnhofstr. 5
28865 Lilienthal
Tel.: 04298/2709-0
Fax: 04298/5638

Schafmeister GmbH Werkmaterial
Hornsche Str. 250
32760 Detmold
Tel.: 05231/9560-0
(Prospekt anfordern)

Uhlig GmbH
Horst-Uhlig-Str.
56291 Laudert
Tel.: 06746/801-0
Fax: 06746/801-90
(kompletter Emaillierbedarf; kein aktueller Katalog, aber Infomaterial)

Register

A
Antimon 16
Antioxidationsmittel 30, 94
Arbeitsfläche 10
Ätzen 30, 54, 55, 94
- Ätzdauer 55
- Ätzflüssigkeit 55
- Ätzlack 10, 13, 55, 61, 94
- Ätzlösung 55
Aufglasur 63, 94

B
Basse Taille 18, 61, 64, 78, 94
Beize 27, 28, 94
Bimssteinpulver 10, 13, 28, 94
Blattgold und Blattsilber 66 siehe auch Folien
Blechschere 10, 11
Bogensäge 10, 11
Brennen 25, 61
- Brenndauer 25, 32
- Brenntemperatur 16, 25, 32, 92, 94
Brenngabel 10, 13
Brennofen 8, 9, 94
- Brennraum 8
- Elektrobrennofen 8
- Gasbrennofen 9
Brennphasen 25
Brennrost 10, 13, 24
Brennständer 13
Britanniasilber 29, 56

C
Chagrin 59
Champlevé 18, 22, 27, 54, 55, 56, 58, 60, 74, 94
Cloisonné 6, 27, 31, 41, 56, 58, 60, 64, 94
Cloisonné-Brosche 6
Cloisonné-Medaillon 18
Cloisonnédraht 10, 19, 23, 54, 56, 57, 60, 66, 74

D
Dorn 13

E
Eisenchlorid 10, 55
Email 16
- à jour 60, 94
- en ronde bosse 54
- farbloses 16
- gebrauchsfertiges 20
- Granulat 16
- hartes 94
- nasses siehe Naßemail
- opakes 16, 61, 94
- opalisierendes 16, 94
- transluzides 94
- transparentes 16
- trockenes 25, 31, 54
siehe auch Emailpulver
- weiches 94
Emailfarben 17, 61, 62
Emaillieren 94
Emaillierlot 54
Emaillieröfen siehe Brennofen
Emaillierwerkzeug 10, 21
Emailpulver 20, 24, 64
Erdgas 9

F
Feilen 10, 11
Feinsilber 29, 30
Fensteremail 56, 60, 94
Fingerringe 82
Flecken, schwarze 29, 30, 94
Flüssigfondant 68
Folien 66
Fondant(email) 16, 25, 26, 30, 31, 32, 57, 94
Fotoätzen 55

G
Gänsekiel 10, 11, 24
Gegenemail 26, 27, 31, 92, 94
Glanzbrennen 26, 57, 60
Glasbürste 10, 13, 28, 94
Glühen 27, 94
Goldcloisonné(draht) 18, 19
Goldemail 57
Goldfolie 23, 66, 89
Granulat(email) 16
Gravieren 10, 30, 54, 94
Grisaille-Email 23, 62, 94
Grubenemail 54, 94
Grundausstattung 10, 16
Gußstücke 56

H
Haftmittel 10, 13, 21, 24, 31, 66, 94
Handbohrer 10, 11
Härtegrad 16
Hartlot 54
Heizstäbe siehe Brennofen

I
Instrumente, zahnärztliche 10, 24

K
Karborundfeile 10, 13, 26, 57
Kieselerde 16
Konturieren 63
Körperemail siehe Email en ronde bosse
Kupfer 26, 27, 28, 31
Kupferfolie 66, 68

L
Lavendelöl 61, 94
Lösung siehe Säure
Löten 27, 30, 54

M
Malkasten 62
Marderhaarpinsel 10, 11, 21, 24, 61
Marmorieren 31
Methylalkohol 30
Millefiori 30, 31
Modellierformen 10, 94
Mörser und Stößel 10, 11, 16, 17
Muskovitplatte 10, 13, 60, 94

N
Naßemail 24, 31, 54, 60, 68

O
»Orangenschalen«-Stadium 25
Oxide 26, 27, 28, 92, 94
Oxidationsflecke 92

P
Palette 10, 17, 24
Palettenmesser 10, 11
Pinzette 10, 11, 28, 66
Platin 60
Polierstahl 10, 13, 28, 94
Probestück 32
Propangas 9
Pulveremail siehe Emailpulver
Pyrometer 8, 9, 94

S
Säureempfindlichkeit 93
Säuren 27, 28
- Eisenchlorid 10, 55
- Metallschutzlack 10
- Salpetersäure 10, 30, 94
- Säurebad 30
- Säurerückstände 56
- Schwefelsäure 10, 28, 94
Schablonen 50, 64
Schablonentechnik 31
Schlämmen 17, 20, 24
Schlegel 10, 11, 94
Schleifen 26, 32, 94
Schmelzmittel 16
Schmelztemperatur 16, 27
Serviettenring 82, 85
Sgraffito 31, 71, 94
Silber 29, 71
- Cloisonnédrähte 23, 55
- Folie 64
- Schmelzpunkt 54
Spatel 13, 24
Stahlständer 10
Sterlingsilber 23, 29, 55, 58
Sterlingsilber/Emaillierqualität 29
Streuer 10, 14, 24

T
Tausendblümchen siehe Millefiori
Temperaturanzeige 9
Temperaturregler 94
Terpentin 10, 55
Thermostat 9
Tiefschnittemail siehe Basse Taille
Tiffanyglas 60
Ton 16
Treiben 94
Trockenemail 21
Tubenemail 62

U
Unterglasur 23, 63

W
Wasser, destilliertes 17
Wasserschleifpapier 10, 13, 26, 28, 57, 60, 63

Z
Zellenemail siehe Cloissoné
Ziehhaken 13, 24
Zinnoxide 16